누가

봐도

뽑고

싶은

인문계 자소서

01. 자소설로 고통받는
'문송' 취업준비생에게

　많은 문과 취업준비생에게 자기소개서 첨삭, 교육 문의를 받고 있다. 신청 이유를 묻다 보면 경험과 역량 선정, 작성 기술 등 여러 이유를 들지만, 실상은 자기가 살아온 삶에 자신이 없는 경우가 많다. 특히, 상대방들이 가진 경험과 비교하며 자괴감에 빠진 경우를 여럿 볼 수 있었다. 이는 회사 경험이 없는 문과 취업준비생에게 특히 더 두드러진다.

　한국의 공채 시스템을 살펴보면 자기소개서로 지원자 자신을 내보이기는 쉽지 않다. 4년간 대학교에서 배운 지식과 기술은 취업에서 요구하는 역량과는 거리가 멀고, 그동안 쌓았던 역량을 정량적 수치로 객관화시키기에는 명확한 기준을 찾기 힘들다. 최근에는 NCS(국가직무능력표준)로 이를 대체하려는 노력이 있지만, 현업에서 인문계는 이공계와 다르게 좋은 평가를 받지 못하고 있다. 그러다 보니 문과 취업준비생의 경우 나의 역량과 잠재력을 표현하는 데 한계가 있다.

　인터넷에서는 이런 상황을 자조적으로 빗대 '문과라서 죄송합니다.'의 줄임말인 '문송합니다.'라는 우스갯소리가 유행하고 있다. 하지만 이른바 **'문과라서 죄송'하지 않아도 되는 취업의 방법이 있으니, 바로 '자기소개서'이다. 대기업, 중견기업, 강소기업 어느 곳이든 자기소개서에 문과생의 톡톡 튀는 감각과 직무에 대한 높은 관심, 나를 돋보이고 싶은 열정만 보여주면 얼마든지 기회를 주기 때문이다.** 물론 쉽지는 않다.

자기소개서 하나만으로 취업에 성공하는 구직자는 100명 중에 1~2명으로 평균 3% 미만이라 볼 수 있다. 하지만, 이 3% 미만의 구직자들의 이모저모를 살펴보면 다른 취업준비생과 다른 경험이 있거나, 특별한 경력을 가지고 있지 않음을 알 수 있다.

아무리 자기소개서를 잘 작성해도 정량적으로 뛰어난 문과 취업준비생은 이길 수 없을지도 모른다. 하지만, **평균 범위에 있는 취업준비생보다 높은 서류 합격률은 보장할 수 있다.** 아래의 표준 편차를 살펴보면 취업 준비의 현실을 이해할 수 있다. 자기소개서를 제대로 작성하지 않아도 합격이 가능한 Stanines(등급)을 가진 이는 4% 미만이다.

정규분포곡선

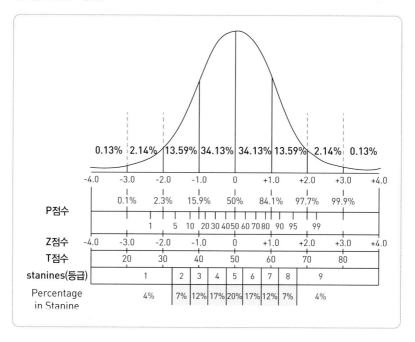

많은 문과생이 시간이 부족하다, 힘들다는 이유로 편한 길을 선택한다. 누군가는 나보다 뛰어난 사람이 적을 거라고 자만할 수 있지만 생각보다 뛰어난 이들이 많다. 보통의 문과 취업준비생들은 3~7등급에 머물러 있다고 볼 수 있는데, 그렇다고 그들 대부분이 부족한 스펙을 가지고 있는 것은 아니다. **학점, 어학 점수, 자격증, 전공 등 한두 가지 스펙이 부족한 경우는 자기소개서로 충분히 평가를 뒤집을 수 있다.**

2021년 6월 기준 청년층 체감실업률 26.8% ' 역대 최고'를 경신했다. 통계청에 따르면 청년층(15~29세) 실업률은 10.7%로 같은 달 기준 IMF(외환위기) 직후인 1999년 이후 최고치를 기록했다. 실제로 청년층이 체감하는 실업률은 훨씬 높을 것이다. 현재 실업자에 아르바이트 등을 기회를 엿보는 '시간 관련 추가 취업가능자' 와 잠재경제활동인구(공기업, 공무원 등 시험 준비)까지 포함한 확장실업률(고용보조지표3)은 26.8%에 이른다.

그만큼 역대급으로 취업이 힘든 시기이다. 따라서 이 책의 자소서 작성 방법이 문과생에게 희망이 되기 바란다. 이 글을 읽는 모든 문과 취업준비생이라면 자기소개서로 남들보다 차별성을 가질 수 있다고 믿는다. 물론 이 책을 완독한다고 무조건 자기소개서 실력이 늘지는 않을 것이다. 읽었다면 꼭 실천으로 옮겨 작성하고, 연습하면서 자신의 것으로 만들어야 한다. 그러다 보면 어느 날 내가 바라던 합격 '자기소개서'를 쓰고 있는 본인 자신을 만나게 될 것이다.

02. 자기소개서는 스펙보다 중요할까

이제 막 취업 전선에 뛰어든 대부분의 새내기 취준생들은 자기소개서를 쓰는 데 많은 어려움을 겪는다. 처음에는 한 편의 자기소개서를 완성하는 데 짧게는 2~3시간에서 길게는 하루 종일 걸리는 것이 일반적이며, '어떤 역량을 내보여야 할지', '그 역량을 어떤 방식으로 강조해야 할지', '소제목은 꼭 써야 하는 건지' 등등 여러 고민들을 하게 된다. 그렇게 힘겨운 과정 끝에 자기소개서를 완성해서 서류를 제출했지만, 대부분 광탈로 끝나게 되고, 그때쯤 자괴감과 함께 고민을 시작하게 된다.

"내가 과연 자기소개서를 제대로 쓰고 있는 건가?"

심지어는 '내가 이렇게 긴 시간과 정성을 들여서 쓰고 있는 자기소개서들을 인사팀이 읽어주긴 하는 걸까?'와 같은 고민까지 하게 된다.

한편 취업준비를 한두 시즌 경험한 지원자들 또한 서류전형에서 좋은 합격률을 보이지 못하고 있다면 계속 자기소개서를 수정하는 과정에 있을 것이며, 역시 비슷한 고민을 하고 있을 것이다. 실제로 필자가 취업 컨설턴트로서 일하면서 가장 많이 듣는 질문들은 아래와 같았다.

"자기소개서가 정말 중요하긴 한가요?"

"서류 전형에서 정말 자기소개서를 다 읽나요?"

"자기소개서가 정말 스펙보다 중요한가요?"

"스펙으로 그냥 줄 세워서 걸러내는 것 아닌가요?"

사실 이에 대한 답은 취업조로도, 취업지킴이도, 그리고 그 누구도 명확히 말하기 힘들다. 결국은 케이스 바이 케이스, 회사 바이 회사, 사람 바이 사람이기 때문이다. 그 누구도 속단할 수 없는 일이지만, 단지 취업조로의 본인 생각을 말하라면 이것만은 말씀드릴 수 있겠다.

필자는 자기소개서가 취업에서 차지하는 비중이 엄청나게 크다고는 생각하지는 않는다. 물론 이 책에서 취업조로와 취업지킴이가 여러분께 소개할, 자기소개서를 준비하는 과정에서의 직무 공부와 그에 따른 직무에 맞춘 가치관 성립, 그리고 그것을 통해 면접 준비까지 이어지는 일련의 과정은 취업에서 매우 중요하다.

하지만 단순히 '자기소개서'로만 봤을 때, 필자는 아래 네 가지 측면 때문에, 자기소개서가 일정 수준 이상만 넘어서면 더 이상 시간을 투자할 필요가 없다고 보고 있다. 여러 명에게 첨삭도 좀 받고, 많이 써봤고, 앞으로 이 책에서 설명하는 대로 직무에 맞춰 역량과 성격도 잘 넣었고 이렇게 어느 정도 높은 수준에 올라섰다고 느끼게 된다면, 그냥 '어이쿠, 손이 미끄러졌네.' 하면서 미련을 가지는 마음을 접고 고민 없이 지원해버렸으면 한다. 그래야만 하는 이유, 고민 없는 지원을 권장하는 이유에 대해서 하나씩 가볍게 말해보겠다.

1. 오랜 기간 동안 자기소개서에 대한 신뢰도가 많이 저하되었다

우리나라의 대졸 공개채용 제도가 1960~70년대부터 서서히 자리매김하면서, 자기소개서 체제가 정립되어 쓰이기 시작한 지 벌써 수십 년째다. 물론 자기소개서 질문 등에도 최신 트렌드가 반영되는 등의 변화는 꾸준히 있었지만, 기본적으로 자기소개서는 서면이기 때문에 충분히 누군가가 대필할 수도 있는 데다, 이미 전반적으로 수준이 크게 상향평준화되어 버렸다. 특히 우리 같은 취업컨설턴트들의 첨삭뿐만 아니라, 탈잉, 크몽, 잇다, 코멘토 같은 신규 플랫폼 등에서도 수많은 전문가, 현직자들이 자소서 첨삭을 진행하고 있다.

인사팀 입장에서도 이러한 상황을 충분히 인지한지 오랜 시간이 지났기에 이제 기본적인 자기소개서 질문에서 벗어나서 회사의 사업에 대한 발전방향을 묻거나 직접 매장에 방문해보고 경쟁사 대비 장단점을 서술하라는 등 어려운 질문도 많아지고 있으며, 기존 합격자소서 등을 도용한 사례를 잡아내기 위해 외주업체나 프로그램으로 표절범위를 확인하는 등 다방면으로 노력을 기울이고 있다.

하지만 그렇게 여러 방안을 고안해내는 것 자체가 자기소개서의 신뢰성이 크게 저하되었다는 반증이나 다름없다. 이제는 아주 잘 쓴 자기소개서를 봐도, 그것 가지고 감동받는 것이 아니라, 대필이나 첨삭을 의심할 수밖에 없는 상황이 되어버렸다.

이렇다보니 여러 가지 공부와 첨삭을 통해 자기소개서 글을 아주 훌륭하게 서술했다고 하더라도, 이전처럼 드라마틱한 합격률 상승을 마주하기란 힘들다.

하지만 반대로 생각해보면, 앞서 말했듯이 전체적으로 자기소개서의 상향평준화가 진행된 상태이기 때문에, 기본적인 수준 이상은 무조건 만들어놔야 한다. 너무 수준이 떨어지게 되면 서류 전형도 서류 전형인데 면접에 가서 휘황찬란하게 털리고 나올 수 있다.

2. 일단 인사팀에게 들어오는 서류의 수가 너무 많다

밥을 먹다가 실수로 소금통을 쏟았다고 가정해보자. 그 바닥에 떨어진 소금알 개수만큼 서류 지원이 들어온다고 해도 과언이 아니다.

P그룹의 한 계열사는 2020년 하반기 지원자 수가 약 6천 명이었으며, 최종 30명 정도 합격하였다. 이 회사의 인사팀원은 팀장을 제외하고(팀장은 서류 검토를 하지 않는다) 5명이었으며, 1인당 서류 검토량은 약 1,200개였다.

S그룹의 IT 계열사는 2020년 하반기에 총 8천 명이 지원했다. 최종 합격자 수는 약 50명이며, 이 회사의 채용 담당 팀원은 4명으로 1인당 2,000개 정도의 지원서를 검토해야 했다.

그래도 앞선 두 회사는 대기업이니 상대적으로 상황이 낫다. 일반적으로 채용팀이 있는 회사거나, 아니면 공채를 제대로 진행하는 대기업이 아닐 경우에는 인사팀은 채용에만 매달릴 수 없는 상황이다. 각자 업무도 어느 정도 있기 때문에 업무를 마치고 나서 나머지 시간에 틈틈이 서류를 검토해야 하는데, 인적성 대상자나 AI면접 대상자를 선정하기 위해서는 팀장 보고, 상무 보고 같은 보고 라인을 거쳐야 하기 때문에 실제 서류 검토 시간은 고작 4~5일 남짓 주어지게 된다.

1,000개도 넘는 자소서를 자기 본연의 업무를 보며 짬짬이, 제한된 일정 안에 추려내려면 전부 읽는다고 가정한다면 길어야 하나당 1~2분 컷이다.

그 상황에서 과연 자소서를 제대로 읽을 수 있을까? 물론, 모두 다 읽는다고 선언하고, 실제로 읽는 기업도 있긴 하다. 하지만 정말 그 회사도 모는 인원의 자소서를 전부 읽을까? 상상에 맡기겠다. 차라리 자기소개서를 외주 맡겨서 걸러오게 하는 회사가 더 현실적이다. 실제로 자기소개서 검토를 외주에 맡기는 회사도 많이 있다.

3. 인사팀도 사람이다. 어떤 이가 내 자소서를 검토할지 모른다

이 세상엔 아주 많은 회사들이 있고 그 안에 서류 검토하는 인사팀이나 면접 보는 면접관들, 임원들이 전부 각기 다른 생각을 가지고 있기 때문에, 어떤 사람에게는 좋은 자소서가 어떤 사람에게는 별로일 수도 있으며, 마찬가지로 어떤 사람에겐 좋다고 생각되는 스펙이 어떤 사람에겐 무시당하는 스펙일 수도 있다.

그리고 정말 너무 많은 서류가 접수되기 때문에 사람이라면 어쩔 수 없이 필터링을 하게 될 수도 있다. 필터링이란 개념이 '본다. 안 본다.'를 넘어서, '어떤 것을 먼저 본다.', 혹은 '어떤 것에 가중치를 놓고 본다.'도 전부 필터링이다. 학벌, 학점, 영어점수, 인턴경험 등 인사팀원마다 각각 다른 필터링을 적용할 것이다. 각자의 기준에 따라 어떤 자기소개서를 먼저 보기도 하고, 안 보기도 한다.

즉, 서류는 운의 영역이 너무 크다는 말이다.

자소서 이전에 스펙에서 걸러지는 경우도 허다하고, 그 스펙에서 걸러지는 것조차, 인사팀 누군가의 손에 들어갔느냐에 따라 떨어질 수도 있고 붙을 수도 있게 되는 것이 취업의 현실이다.

서류뿐만 아니라 면접에서도 이러한 현상이 나타난다. 그러므로 채용 과정에서 상당히 많은 부분이 운이고, 우리는 그 운을 극대화시킬 수 있는 선택을 해야 한다. 그 선택이 바로, 자기소개서를 최대한 많이 써서 다양한 회사에 제출하는, 속칭 '양치기' 전법이다.

4. 인사정책을 결정하는 사람은 많고, 그들은 생각보다 자주 바뀐다

　CEO와 CFO, 경영지원본부장, 혹은 경영총괄 정도 되는 부사장이나 전무 직급, 그리고 그 밑에 경영지원부문장 아니면 그룹장, 삼성 같은 경우는 팀장 정도 되는 상무급 임원 그리고 인사팀장(삼성은 그룹장) 정도가 일반적인 기업에서 인사정책을 결정할 수 있는 사람들이다.

　모든 회사들의 정책은 생각보다 오래가지 않는다. 왜냐하면 사람이 바뀌거나, 아니면 그들의 생각이 바뀌기 때문인데, 그 정도가 매우 지나쳐서 정말 한 시즌이 멀다하고 정책이 바뀌는 경우도 있다. 너무 적나라해서 회사명은 공개하기 힘들지만, S그룹 출신 사장이 오자 정책적으로 SKY를 뽑았던 회사가 딱 그 다음 해에 인서울 하위권 대학을 졸업한 사장님이 오시고 역정을 내서서 국내 대부분 대학의 지원자를 뽑았던 적도 있다. 과연 그뿐일까? 성별, 나이, 학교, 학과, 지역 등등 참 비합리적인 요인에 의해 합격자가 걸러지기도 한다. 또한 어느 정도 합리적으로 서류 검토 체계를 만들어 놓고, 특정 조건을 가진 사람을 떨어뜨리고 싶을 때에는 (유일하게 정성적으로 건드릴 수 있는) 자기소개서 점수를 0점 처리해가며 다 떨어뜨려 버리는 경우도 있다.

　물론 모두 이런 것은 결코 아니다. 하지만 채용은 회사에서 벌어지는 수많은 업무 중 하나이기에 매우 비합리적인 일이 일어날 수도 있다는 것이다.

　결국 필자가 하고 싶은 말은 이거다. 그만큼 채용은 운이 작용한다는 것. 그렇다면, 자기소개서는 정말 중요하지 않을까?

　필자는 **"중요하긴 합니다만, 빠르게 기본을 세팅해 놓고 더 이상 많은 힘을 들일 필요는 없습니다."**라고 답하겠다. 자기소개서보다는 스펙과 운이 서류 합격에서 차지하는 영역이 압도적인 것은 사실이다. 하지만 **일정 수준 이상의 '직무에 맞춘' 자기소개서를 만들어 놓고 그것을 많이 복사+붙여넣기를 해서 많이 지원한다면 일단 운의 영역이 확장될 것이다.**

면접 단계에 가면 더 자기소개서가 중요해진다. 기본적으로 면접관 중에 자기소개서를 꼼꼼히 읽고 들어오는 사람도 있고, 업무에 치여서 자기소개서를 미리 읽고 오지 못한 면접관일지라도, 면접장에서 처음 마주하는 것은 여러분의 첫인상과 여러분의 자기소개서다.

그런데 자기소개서를 이상하게 써놨다면 부정적인 감정을 가지고 면접에 임하게 될 수도 있는 노릇이며, 또 자기소개서가 솔직하지 못하다거나, 너무 오만하거나, 면접관이 보기에 잘못된 내용이 들어가 있다면 면접 내내 공격만 당하고 나오게 될 수도 있다.

사실 시중에는 이미 수많은 자기소개서 작성 관련 도서와 더불어 블로그 글, 유튜브 영상 등이 있다. 또한 많은 컨설턴트들이 이미 각자의 스타일대로 강의와 첨삭을 하고 있다. 그들 모두가 다 옳은 말을 하고 있다. 그래서 꼭 우리의 글이, 이 책이 정답은 아니다. **사람은 자신이 성공한 방식대로 세상을 볼 뿐이다.** 각자의 성공 방식에 약간 차이가 있을 뿐이며, 그렇기 때문에 다른 컨설턴트와 조금 다른 말을 할 수도 있고, 비슷한 이야기를 할 수도 있다. 그러므로 앞으로 이 책에서 말하는 자기소개서에 대한 이야기 역시, 필자들이 생각하는 '자기소개서 쓰는 법'이라고 생각하면 좋겠다. 다만 그것이 이 책을 읽는 독자들에게 긍정적인 방향성을 선사할 수 있기를, 조심히 바래본다.

자소서로 고통받는 모든 인문계 취준생에게 이 책이 힘이 되길 바란다.

2021년 7월 취업지킴이, 취업조로

Contents

PART

01

경험을 제대로
분석해야 취뽀한다

누가 봐도 뽑고 싶은
인문계 자소서

인생스토리를 활용한
문과생 경험분석

대한민국에서 문과생이 취업하기 위해 통과해야 하는 첫 번째 관문은 '경험'에 대한 이해이다. 이는 문과생을 포함한 모든 취업준비생의 공통된 고민 중 한 가지일 것이다. 하지만 문과생의 경우, 고급 자격증을 제외하면 자신의 능력을 보여줄 수 있는 유일한 방법이 자기소개서인 점을 고려하면 경험분석이 왜 필요한지 이해할 수 있다.

경험분석이 매우 중요함에도 불구하고 많은 문과생들은 경험분석을 왜 해야 하고, 경험을 어떻게 분석해야 하는지 모른다. 먼저 경험분석을 시작하기 전에 목적이 무엇인지 생각해 봐야 한다. 당장 어제 일도 기억이 흐릿한데 3년, 5년 길게는 중·고등학교 시절까지 거슬러 올라가서 정확한 내용을 기술하는 과정은 쉽지 않다. 그렇더라도 **경험분석을 꼭 해야 하는 이유는 '내 과거를 통해 나 자신을 돌아보기 위함'이다.** 처음에는 '이 과정이 꼭 필요할까?'라는 의문이 들 수도 있다. 하지만 자기소개서를 작성할 때 기업에서 요구하는 직무 역량에 맞춰서 나를 보여주기 위해서는 내가 어떤 기질을 가진 사람인지, 남들보다 뛰어난 능력은 무엇인지 알고 있어야 한다. 생각보다 많은 문과생들이 자신에 대해서 아는 것이 별로 없다.

특히, 타인에 대해서는 행동, 성격, 태도 등을 기준으로 엄격하게 평가하면서 잘 알고 있지만 정작 자기 자신을 그렇게 평가하지는 않는다. 따라서 경험분석 과정을 통해서 내가 어떤 경험을 선택해 왔는지, 선택을 통해서 무엇을 배웠는지, 이후에는 어떤 가치관으로 발전했는지 등 깊은 고민이 필요하다. 이처럼 깊은 고민의 과정이 반복되어야 자기소개서에 활용할 소재들을 선별할 수 있지만, 많은 문과생이 자기소개서에 쓸 말이 없다고 이야기한다. 이러한 경우는 쓸 만한 경험을 기억하지 못했거나, 자신이 한 경험이 별것 아니라고 여기기 때문이다. 지금이라도 시간을 내서 경험을 정리해 두면 자신의 경험을 객관적으로 볼 수 있을 뿐 아니라 직접적으로 관련된 직무 경험이 없더라도 직무와 연결할 수 있는 경험을 찾을 수 있다.

끝으로, 최근 수시 채용이 확대되면서 공채보다 상시로 더 많은 채용공고가 나오고 있다. 이러한 상황에서 경험분석이 미리 되어 있지 않으면 회사마다 다른 자기소개서 문항에 빠르게 대응하기가 어렵다. 특히 최근에는 자기소개서 문항이 다양해지고 요구하는 글자 수가 많아지면서, 무엇을 작성해야 할지 고민하다가 마감 시간에 쫓겨 부족한 자기소개서를 그냥 제출하게 되는 경우도 비일비재하다. 따라서 자기소개서에 자주 나오는 평가 키워드를 분석한 다음에 경험분석을 해야 한다. 다양한 방법이 있지만 필자는 문과생이 좀 더 쉽게 작성할 수 있는 세 가지 방법인 '마인드맵, 스토리구조도, 키워드구조도'를 추천한다.

마인드맵

마인드맵은 마치 지도를 그리듯이 자신의 경험이나 내용 등을 자연스럽게 기록하며, 머릿속 생각을 정리하게 해주는 것이 장점이다. 실제로 마인드맵은 경험 정리에도 효과적이지만, 정리하는 과정에서 자신감을 키울 수 있고 사고의 자율성을 향상시킨다. 나아가 기억력을 향상시키고, 여러 상황을 미리 생각해 봄으로써 면접에서 침착하게 대처할 수 있게 도와준다. 만약 스스로 논리력이 부족하다고 느낀다면 논리적으로 생각해 볼 수 있는 좋은 기회이기도 하다.

EX 🔍 마인드맵 예시

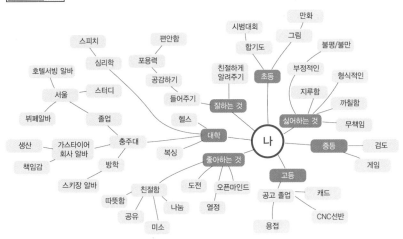

마인드맵 효과를 높이는 방법

❶ 중심 생각에서부터 가지를 치며 생각의 연결고리를 찾아서 적는다.

❷ 전체적으로 기준을 두고 색을 사용하여 분류한다.

❸ 각각의 가지를 하나의 키워드로 두고 분류한다.

❹ 세부 가지까지 연결하면서 더 상세한 키워드를 확인한다.

❺ 정답을 찾으려고 하기보다 자유롭게 떠오르는 것을 기술한다.

스토리구조도

  스토리구조도는 직업 가계도 이론과 스토리를 결합한 방법으로 연대기적 구성에 따라서 태어난 순간부터 현재까지의 모든 경험을 기록하는 방법이다. 실제로 인생 스토리를 작성하면 구체적인 경험을 한눈에 확인할 수 있는 좋은 가이드가 될 수 있다. 특히, "전 아무런 경험이 없어요.", "공백기가 길고 한 일이 없는데 어떻게 하죠?" 등을 고민하는 사람들에게 아주 유용하다.

스토리구조도 효과를 높이는 방법

❶ 시간의 큰 흐름에 맞춰서 사건 위주로 적는다.
❷ 자신이 질문하고 답변을 적는 형식으로 적으면 쉽게 작성이 가능하다.
❸ 내가 가진 경험이 별로라는 생각은 버리고 무조건 다 적는다.
❹ 최대한 구체적으로 작성하려고 노력한다.
❺ 경험은 세부적인 에피소드와 역량으로 구분하면 정리하기가 쉽다.

EX_1 🔍 대학교 이전

시기	주요 내용
14살	**못생긴 왕따에서 작가 등단** 동네가 작다보니 초등학생 때의 왕따 소문이 그대로 돌았음. 그래서 친구가 없었는데 이때 한창 인터넷 소설에 빠져 살아서 이에 크게 신경쓰지 않았음. 인터넷 소설이 너무 재밌어서 유명한 카페에서 등업도 열심히 하고 블로그 활동도 매우 활발히 했었음. 그러다 나도 소설을 한번 써보고 싶어서 한 달 정도 가명으로 활동하면서 연재했음
	열정 인터넷 소설을 계기로 내 성향 자체가 뭐 하나에 꽂히면 정말 미치게 좋아하고 눈이 뒤집히는 성향인 것을 알게 되었음
19살	**전공을 뭘로 하지?** 나는 농식물 쪽으로 전공을 희망했음. 자주 붙어있던 친구의 영향을 받아서 환경, 그리고 어렸을 때부터 좋아했고 곧잘 한다는 소리를 들었던 예술을 융합한 조경학과를 생각, 진학하게 됨

	판단력
	화학과 물리를 공부했는데 둘 다 정말 성적이 심하게 안 나왔음. 물리는 3등급이었지만 화학은 5등급이었음. 그래서 19살 1월에 화학을 버리고 생물을 공부하겠다는 결단을 내림. 외우는 것을 잘하니까 더 쉽게 할 수 있을 것 같아서 선택했지만 나름 그동안 공부한 게 있어서 쉽지 않은 결정이었음. 예상대로 성향에 잘 맞았음
20살	영업에 적성이!
	대학교 입학생 시절 처음으로 아르바이트를 하게 되었음. 레드아이라는 샵에서 액세서리 담당 주말 알바를 했음. 하루는 신발 담당 알바가 펑크를 내서 그 자리를 대신 채움. 도둑질 감시만 하는 액세서리 담당과 다르게 신발 알바는 열심히 판매를 해야 했음. 상권이 홍대라 손님이 매우 많았음. 내 말 한마디에 사람들이 지갑을 여는 데 즐거움을 느껴서 진짜 열심히 팔았음. 4시간 동안 혼자서 매출 30만 원 달성. 점장님이 보고 놀라 신발 쪽으로 담당을 바꿔줌
	의사소통능력
	당시에 외국어는 잘 몰랐지만 계속 생글생글 웃으면서 말하고, 진지하게 쇼핑을 도와줬기 때문에 물건이 잘 팔렸다고 생각함. 이미 매장에 들어왔기 때문에 손님들은 물건에 관심이 있다는 전제조건하에 판매했음. 따라서 어울리지 않으면 어울리지 않다, 저게 더 예쁠 거 같다 등등 솔직하게 말해 준 것이 도움이 된 것 같음

EX_2 🔍 대학교

시기	주요 내용
20살 (2학기)	성적 장학금 획득, 나도 할 수 있다!
	대학 진학 시, 부모님이 성적 장학금을 타면 상금으로 주겠다고 약속하셨음. 9살 이후로 해외에 가본 적이 없어서 21살에 유럽여행을 가겠다는 목표가 있었음. 그래서 정말 열심히 공부해서 1학년 2학기에 과 수석을 하며 교내 장학금을 획득(학점 4.3)
	목표달성능력
	성적 장학금을 계기로 나는 정말 내적 모티베이션이 크기만 하면 무엇이든 성공해 낼 수 있는 사람이라는 것을 깨닫게 되었음

21살 **(1학기)**	**나는 이과보다는 문과구나(전공에 대한 후회)** 외우고 읽고 감상문을 작성하는 과정들을 원래 좋아해서 한국 문학의 이해, 미술의 이해 같은 문과 수업들을 재밌게 수강하였고 학점도 잘 받았음. 둘 다 A⁺. 정말 난 뼛속까지 문과사람이구나 하고 느낌
	의사전달능력 '한국 문학의 이해'라는 수업에서 팀프로젝트를 했음. PPT 만든다고 나선 애가 진짜 조사한 내용들을 긁어서 붙이기만 했음. 보노보노 피피티 뺨치는 이상한 피피티여서 내가 다시 만들라고 뭐라 함. 그래서 개랑 같은 과였던 다른 디자인학과 애가 새벽 3시까지 다시 만들었고 나도 안 자고 계속 피드백 주면서 무사히 발표를 끝낼 수 있었음
21살 **(2학기)**	**우리 과는 아니야** 한 학기 공부를 열심히 하면서 깨달았음. 우리 과 공부는 어렵지 않고 누구나 할 수 있음을. 별로 비전이 없다고도 생각함. 4학년 선배가 마지막 학기에 대졸이 아닌 고졸로 LH에 지원한 것을 보고 조경은 답이 없겠다고 느낌. 결국, 더 큰 물에서 놀아야겠다고 다짐하게 되었음
	인적자원개발 스스로를 발전시키고 개발하기 위해 새로운 분야에 뛰어듦으로써 세상을 보는 시야를 키우고 견문을 넓힐 수 있었음. 이때 다양한 분야에서 활동하며 각양각색의 사람들을 만났고 이를 통해 단순화된 세상을 벗어나게 됐음
22살 **(1학기)**	**유럽여행(세상이 넓다는 것을 제대로 알게 된 터닝포인트)** 대학교 친구와 단둘이 3주 넘는 일정으로 유럽여행을 떠남. 여행 경비의 절반은 스스로의 힘으로 일구어낸 것이라 자랑스러웠고 성인으로서 첫 여행인지라 석 달 가까이 철저하게 계획을 짰음. 세상이 정말 넓다는 사실을 다녀와서 느꼈으며 내가 어떻게 해야 이 세계를 무대로 삼을 수 있을지에 대한 고민을 하기 시작했음. 외국이라는 그 자체가 스스로에게 가슴이 뛰는 감정을 선물해준다고 생각했고 외국어 공부, 역사, 문화 등 다방면의 지식에 대해 관심을 가지기 시작. 같이 간 친구는 같은 이과였는데 한때 통번역과를 꿈꾸던 친구라 영어와 중국어가 유창했음. 내가 말하려고 하는 기회마다 뺏어서 말하는 거 보고 짜증나서 외국어를 진짜 잘해야겠다고 생각함

	갈등 해결 및 협력
	여행이 끝나고 그 친구와 나는 절교함. 그 여행을 계기로 사이가 나빠졌고 지금까지 만나거나 연락을 한 적이 한 번도 없음. 여행 중에 나도 순간순간 화났던 적이 있었고 그 친구도 화났던 적이 분명 있었음. 문제가 생긴 당시에 잘 해결을 못 하자 더 이상 수습할 수 없을 정도로 감정적 간극이 벌어지게 됐음. 그때그때 현명하게 문제를 해결해야 한다는 것을 이때 크게 배웠음. 물론 안 싸우고 붙어 지내는 게 어려운 건 알지만 첫 여행 친구와 이렇게 돼서 아쉬움
22살 **(2학기)**	무역학 입문 수업에서 해외 영업에 대한 흥미가 생김
	수강신청이 잘못돼서 무역학과에서 빡세기로 소문난 교수님의 강의를 듣게 되었음. 빡세긴 했지만 본인의 과목에 대한 열정이 느껴지던 분이었고 실무 이야기를 들으며 무역이라는 분야에 관심이 생겼음. '이쪽 업계에서 일하면 외국을 많이 가겠지'라는 막연한 환상이 생기며 흥미가 생김(학점 A, 전공생도 있어서 학점 따기 어려웠음)
	외국어능력
	이때 처음으로 중국어를 배웠고 공부하면서 가슴이 뛰는 것을 처음으로 느끼게 되었음. 시간 가는 줄 모르고 공부했고 이 교양 수업을 계기로 HSK 독학에 도전하게 됨(학점 A⁺)
24살 **(2학기)**	7월에는 국제무역사를 따자
	무역으로 방향을 전환한 뒤 국제무역사 자격증은 꼭 필요할 것 같아 열심히 공부함. 2학년 때 관련 강의를 한 번 들은 게 다라서 당연히 내용은 전부 잊어버림. 아는 게 너무 없어서 힘들었지만 외환 실무 파트는 재밌었음. 돈 계산하는 걸 원래 좋아해서 점수도 가장 높았던 파트였음. 한 달을 다 쏟아부었고, 특히 이번 회차는 합격률 15%대로 저조했지만 결국 해낸 스스로에 대해 만족이 큼. 시험 보기 직전 주에 남자친구랑 헤어지고 무역캠프를 일주일 내내 다녀서 힘들었지만 마인드 컨트롤을 하고 열심히 공부하여 자격증을 따냄
	성취지향
	비전공자도 한 달이면 취득할 수 있다는 얘기를 듣고 시험 한 달 전에 시험을 신청했지만 인터넷 강의 수가 총 130강으로 양이 심각하게 방대했음. 무조건 노는 걸 줄이고 모든 시간을 여기에 쏟아붓겠다는 각오로 3주 동안 개념을 완강하기로 하고 과외도 다 취소했음. 마지막 1주는 기출만을 돌리게끔 계획을 짜서 무역캠프 일정도 무난히 수행할 수 있었음. 결국 총 강의의 85%인 110강 가까이를 소화해 냈음

EX_3 🔍 동아리 및 대외활동

시기	주요 내용
○○○○ 동아리 (21~22살)	**경영 동아리에서의 큰 배움** 경영학 쪽으로 배워보고 싶어서 실무적인 것을 하는 중동에 가입. 다양한 분야에 관심과 열정이 있는 친구들을 이때 많이 알게 되었으며 비즈니스라는 것이 무엇인지 경험을 통해 배움. 실은 배우는 과정에서 의심을 많이 했음. 내가 계획하는 것들이 실제적으로 돌아갈 수 있을까? 다 현실성 없는 것들 아닐까? 시간 버리기가 되진 않을까? 우리 조가 기획했던 사업들은 모두 시행되지 못했지만, 동아리 회장이 진행했던 레오 프로젝트는 현재 벤처기업에서 실제 사업으로 운영되고 있음. 정말 인생 끝날 때까지 끝난 것이 아니며, 운칠기삼인 것을 느낌. 시기를 타는 것도 정말 중요함 **통찰력** 계획이라는 것은 철저히 세워야 하며 특히 수익을 낸다는 개념은 우리가 생각하는 것과 다르게 변수가 엄청 많음을, 고려해야 할 것이 매우 많음을 체득. 아이디어를 하나 제시할 때마다 이에 대해 많은 사람들이 시행되지 않을 것 같은 이유, 현실에서 불가능한 이유 등 여러 가지 비판을 제기했는데, 이러한 과정을 통해서 미처 생각하지 못하는 것들을 캐치해 내는 능력이 사람에게 꼭 필요하다고 생각(관찰력, 다차원적으로 생각하기). 사업이 정말 어렵다는 것을 느꼈고 그렇기 때문에 성공한 사람들이 정말 대단하다고 느꼈음 **비판적 사고** ○○대학교를 비롯하여 3개의 대학이 만나 신입 ○○○○ 기수들끼리 누구 아이디어가 더 현실성이 있는지 검증하는 대회가 열렸음. ○○에서 1등한 팀은 '애드해 주세요.'라는 광고 문구를 커피 잔에 추가함으로써 100원 할인받고 회사에서는 홍보를 하게 되는, 서로 윈윈하는 프로젝트를 가져왔음. 들었을 때 정말 그럴싸했고 똑똑하다고 생각했는데 공격받는 질문들을 듣고 생각해 보니 그 또한 다 맞는 말인 것을 알 수 있었음. 이를 통해 나는 왜 비판적 사고가 잘 되지 않고 의견을 곧이곧대로 수용하는지 의문이 들었고 자아성찰을 하게 됐음. 누구도 보지 못하는 것을 볼 줄 아는 비판적 사고가 본인에게도 매우 필요함

	창의적 사고 우리 조는 평상시에 과일을 잘 먹지 않는 대학생들을 고려하여 컵과일을 학생회관에서 판매하는 프로젝트를 생각했음. 실제로 근처의 컵 과일을 구매하는 곳들을 조사하고 거리를 비교한 다음 도매로 샀을 때의 가격을 고려해 보고 어느 정도 괜찮은 아이디어라고 생각했음. 하지만 이 프로젝트의 제목을 못 지었는데, 머리 감다가 갑자기 비타민 씨라는 이름이 생각났음. 씨는 캠퍼스의 씨도 되기 때문에 의미적으로 우리가 원하는 모든 것들을 설명할 수 있었음. 조원들이 내 아이디어에 만장일치 동의했는데, 뭔가 처음으로 창의적 사고를 한 것 같은 경험이었음
국제처 외국인 학생센터 (23~24살)	**외국인 학생센터에서의 2년** 동아리 선배의 소개로 근무 시작. 외국인 학생센터 근로자 한국인 부장으로서 2년 근무. 약 9개국의 외국 학생들과 함께 일했고 주 업무는 학습 지원이었음. 교직원 선생님들도 5개 국어 이상을 하고 같이 일하는 친구들도 3개 국어는 기본으로 하는 것을 보고 어학을 잘한다는 것에 대해서 되게 큰 매력을 느꼈고, 실제적으로 이 능력이 있는 친구들이 유학생 응대라든지 번역 분야에서 할 수 있는 일이 많았기 때문에 나 또한 여기 있으려면 능력을 많이 키워야겠다고 다짐했음. 초반에서 중반의 시기는 주로 내가 할 수 있는 일들을 찾아서 해냈음
	위기관리능력 대부분의 입학생들은 아직 20살 내외로 어리고 유학생들은 한국 학생들보다 개념 없는 애들이 많음. 나름 정해진 루트에 따라서 행사를 진행해야 하는데 제멋대로인 애들이 정말 많아서 힘들었음. 나에게 주어진 역할은 잘 인솔하고 관리하는 건데 예상 밖의 변수가 많았음. 그래서 변수를 막기 위해 무언가 일이 발생할 조짐이 보이면 학생들 주위를 일부러 졸졸 따라다니면서 다 차단했음
	꼼꼼함 외국학생의 서류 처리에는 굉장한 꼼꼼함이 필요함. 어학점수 등 서류 분류를 잘못하면 장학금 받을 학생이 못 받거나 입학 자체가 안 될 수도 있기에 더 꼼꼼함이 요구됐음. 원체 성격이 급한 편이고 덜렁거리기 때문에 실수를 잘 한다는 것을 알고 있었음. 무슨 서류를 처리하든 내 성격대로 우선 한방에 만들고 3번이고 4번이고 다시 읽음으로써 틀린 부분을 아예 없앴음
	엑셀함수능력 학생들이 제출한 만족도 조사나 입학 관련 설문 조사 등의 파일들을 교직원들이 알아보기 편하게 엑셀화하는 작업을 하였음. 엑셀을 잘 다루는 편은 아니지만 모든 자료들이 일목요연하게 정리되는 것을 보고 회사 들어가기 전에 한 번 제대로 배워보고 싶다고 생각했음

문서작성능력

회사에서 실제적으로 문서를 통해서 계획을 수립하고 자금을 주고 프로젝트를 진행하는 등의 과정을 겪으면서 종이 한 장의 역할이 정말 크다는 것을 배웠음. 특히 누가 봐도 이해할 수 있게끔 정확한 표현과 함께 정확한 데이터가 최대한 꼼꼼하게 기술되어야 한다는 것을 느꼈음. 초반에 가져갔던 서류들은 모조리 퇴짜 맞았음. 줄 바꿈도 안 해서 가시적이지 않았고 무엇을 말하고자 하는지 보이지 않았음. 그래서 아버지께 기본적인 구성에 대해 배우고 선생님께 가져가 피드백을 받음으로써 실제로 회사에서 하는 것처럼 문서 만드는 방법을 연습해 볼 수 있었음

EX_4 🔍 최근 경험분석

시기	주요 내용
25살	베트남어 과외 취업 준비를 위한 시작. 실제로 지금도 많은 압박감을 느끼면서 공부하고 있음. 멀리 보고 있고 나름 최선을 다하지만 생각만큼 빨리 늘지는 않아 아쉬움. 하지만 절대 포기하지 않고 미래의 커리어를 생각해 열심히 노력을 투자할 생각임. 올해의 목표인 6번째 자격증이니까! 시장분석능력 베트남어 선생님은 나보다 4살밖에 많지 않지만 베트남 시장이 뜨고 있다는 장점을 이용해서 인도네시아 전공에서 베트남어 전공으로 바꿔 벌써 억대연봉을 벌고 있는 사람이었음. 심지어 베트남으로 유튜브 진출을 해 '한국인 최초 베트남 운동 유튜버'를 준비하는 것을 보고 사회가 돌아가는 방향을 파악한 뒤 사회의 니즈와 본인의 역량을 매칭시켜서 자신의 몸값을 올리는 것을 보고 참 대단하다고 생각했음
25살	우연한 기회, 무역캠프 참여 국제무역사 시험을 접수하려고 홈페이지에 들어갔다가 우연히 알고 신청했음. 월화수목 4일 동안 매일 아침 9시부터 저녁 6시까지 참석하였는데, 캠프 내에서 아이템을 실제로 선정하고 타깃 국가를 정해서 실제로 우리가 무역회사에서 일한다고 가정하고 바이어들을 어떻게 설득할 것인지에 대해 시뮬레이션하는 것이 주 과정이었음

팀워크

나는 원래 발표할 때 엄청 떠는 편임. 이전에도 열심히 준비한 수업 발표에서 교수님이 내용은 좋은데 발표 태도가 너무 좋지 않아서 집중이 안 된다고 말했을 정도임. 몸이 흔들리고 사람들의 눈을 잘 못 봄. 발표순서가 다가오자 동생들이 많이 떠는 것을 보고 이러면 안 된다는 생각이 들었음. 내가 가장 연장자였고 첫 도입인데다 첫 번째 발표조였기 때문에, 정말 내가 잘해야 애들이 여유를 가지고 잘하겠다는 생각이 들었음. 최근에 친구가 자신의 발표 영상을 인스타그램에 올렸는데 그 장면을 발표 직전까지 상상하면서 나는 여유롭다, 나는 정말 이 회사의 대표이고 우리 제품은 정말 멋있다. 나의 당당함을 보여주자, 여유롭게 생각하자를 맘속으로 100번 외쳤음. 그러자 캠프원들 눈도 한 명 한 명 마주칠 수 있었고 말도 천천히, 웃으면서 진행이 가능해졌음. 발표가 끝나고 점수 부분에서 우리 조의 표현력 점수가 제일 좋았고 덕분에 최우수상을 받아서 뿌듯했음

이처럼 흐름에 따라서 정리하면서 삶의 전환점이 되었던 경험이 무엇인지 고민해 보아야 한다. 그러면 사건에 맞춰서 어떤 역량을 주로 배웠고 활용하였는지를 이해할 수 있다. '가장 좋아하는 것은 무엇인지?', '현재 내가 어떤 경험을 해왔는지?', '어떤 직무를 배우고 싶은지?' 등 평소에 고민해 보지 못했던 것을 생각해 볼 수 있다. 특정한 형식을 두고 작성하기보다 의식의 흐름에 맞춰서 그때를 떠올려서 적어보자. 막상 적고 보면, 내가 살아오면서 다양한 선택을 하고 살았음을 알 수 있다. 이러한 일상적 경험에서 나오는 이야기가 결국 서류 및 면접에서 설득력을 줄 수 있다.

중고 신입으로 경력이 있을 때는 아래처럼 추가로 있었던 사건을 위주로 직무 역량을 개별적으로 정리할 수 있다. 이때 중요한 점은 내가 평상시 맡았던 업무들을 세부적으로 나눠서 역량별로 정리하는 것이다.

중고 신입 경력분석

시기	주요 내용

입사 1년
(26살)
	○○○ 전주공장 연구소에서 영어 번역 및 출장자 관련 업무 담당
	
	1. 인수인계 기간이 이틀밖에 없었고, 업무 관련 매뉴얼 전무, 입사 후 관련 업무 처리에 관한 서식을 만들고자 결심하였음(문서 작성)
	  • 여러 군데 나뉘어 저장되어 있던 출장자 정보를 엑셀 파일로 정리하여 쉽게 업데이트할 수 있도록 함
	  • 항공 일정 및 여행사별 가격 비교표 서식 작성(출장자에게 항공권 예약 티켓 발송 시 해당 서식에 내용을 입력하여 보냄으로써 출장자가 빠르게 정보를 숙지할 수 있도록 도와줌)
	
	2. 상사와 함께 해외 출장 스케줄을 맞추길 꺼리는 직원들의 요청을 받아 중간에서 항공권 및 항공권 좌석을 조정
	  • 중간에서 정보를 전달하는 입장으로 서로가 불편하지 않도록 타당한 이유를 만들어 처리함(팀워크)
	  • 부족했던 번역 실력을 키우고자 퇴근 후 두 시간씩 번역 연습(책임감)
	
	3. 전문적인 번역 용어가 있지만, 관련 용어에 대한 정리 사전이나 용어 정리 파일이 존재하지 않았음
	  • 1년 4개월 근무 기간 중 ○○○ 용어집을 직접 만듦. 품질팀 번역 사원 입사 시 해당 자료를 보내주어 업무에 빨리 적응할 수 있도록 도와줌. 후임자가 업무에 빨리 적응할 수 있도록 도와줌(문서 작성)
	  • 주로 PDF 파일로 오는 자료가 많아 자주 쓰는 보고서 서식은 워드 파일로 따로 만들어 보관, 관련 업무 처리 시 시간을 절약(문서 작성)

입사 2년
(27살)
	1. 처음에는 번역 자료를 월별로 저장하여 관리하였으나 직원들 간 번역 요청 유형이 정해져 있다는 것을 파악한 후에는 직원 이름별로 파일을 만들어 관리
	  • 중복되거나 비슷한 내용을 번역 시 시간을 줄일 수 있었음(창의적 사고)
	
	2. 기술 보고서는 문장이 축약되어 있어 문장을 다시 풀어서 영어로 번역해야 했음
	  • 먼저 문장을 분석해 본 후 해당 문서 번역을 요청한 연구원에게 풀이에 대해 문의함. 해당 연구원이 부재중일 경우 같은 팀의 다른 연구원에게 보고서 내용을 물었으나 뜻이 일치하지 않는 경우가 종종 발생하였음. 이러한 상황을 최소화하기 위해서 업무를 요청한 연구원의 스케줄을 파악하고 번역 전 전체 내용을 읽으며 모르는 부분을 정리하여 해당 연구

원에게 직접 문의한 후 번역 업무를 시작. 그 후 다른 연구원에게 번역 내용에 관해 내용을 다시 물었을 때도 내용이 일치하게 됨
- 번역 내용에 관한 오류를 줄임(의사소통)

3. 국내 지사로 파견 온 외국인 주재원 비자 발급 처리 보조
- 주재원 연수 기간을 고려했을 때 처리 과정과 서류가 복잡한 주재원 비자 대신 일반 비자를 받고 이후 연장할 것을 제안함
- 해당 업무 처리 과정을 간소화할 수 있었음(정보 분석)

4. 회사 동료들의 고민을 들어주는 역할을 많이 함. 이성 문제, 금전 문제, 회사 생활 중 힘든 부분 등을 동료들이 나에게 자주 이야기함. 대학교 때까지만 해도 친구들이 나에게 고민을 털어놓는 경우가 드물었지만, 독서 토론 동아리 활동, 조장 및 동아리 회장으로서 활동하면서 여러 사람의 고충을 듣고 이해하기 위해 노력한 결과물인 것 같음
- 사람들이 자신의 말을 매우 잘 들어줄 뿐만 아니라 적절한 리액션을 보여주고, 현실적으로 실행 가능한 대안을 제시해 줘서 좋다고 이야기함(경청)

5. 적성과는 먼 일을 택했다는 후회가 계속됨. 그리고 아무리 노력해도 번역 부분이 부족하다고 느꼈고, 더 이상 스트레스를 받기 싫어서 퇴사를 결심

키워드구조도

키워드구조도는 자기소개서 및 면접에 자주 등장하는 핵심 키워드에 맞춰서 경험을 정리하는 방법이다. 시간이 있다면 스토리구조도를 그려보는 것을 적극적으로 권장하지만, 시간이 없을 때는 키워드 구조도를 통해 핵심만을 정리할 수 있다. 중소기업, 대기업, 공기업에 따라서 정리 방법은 약간씩 달라질 수 있지만, 기본적인 경험을 찾기 좋다.

<기업별 역량 키워드>

기업 종류	역량 키워드
중소기업	성장과정, 성격의 장단점, 대외활동, 학교생활 등
대기업	실패 극복, 도전정신, 직무역량, 창의적 사고, 갈등해결 등
공기업	의사소통능력, 대인관계능력, 문제해결능력, 직업윤리 등

구직자들이 가장 많이 하는 경험에 맞춰 크게 6가지로 구분해서 작성할 수 있으며, 가치관은 8가지로 나눠서 작성한다. 경험을 적을 때 자신이 추가할 수 있는 경험이 있다면 칸을 추가해서 작성하면 된다. 다음으로 주요 경험을 정리한 이후에는 개인의 가치관 및 인성을 구분하여 정리한다. 이러한 정리는 급하게 서류나 면접을 준비해야 할 때 유용하게 사용되며, 이를 통해 자신의 핵심 역량을 빠르게 파악할 수 있다. 하지만 경험을 간단하게 적어서 정리하는 것이므로 자기소개서를 적을 때 직무역량보다는 경험의 상황과 결과 위주로 나열하는 식의 오류를 범할 수 있으므로 주의한다.

〈주요 경험〉

주요 경험		사건 위주 기술
공모전/프로젝트	시장조사능력	전공 팀 과제(대형마트와 재래시장 전략, 골프존의 복리후생, 현대카드 마케팅 전략, 아웃백 서비스 경영)
동아리/학회 등	• 팀워크 • 목표달성 • 리더쉽	• 영화제작 동아리 참여(1년에 2번 제작과정에 참여) • 1학년(학과 과대), 2학년(총무)
인턴	• 유통관심 • 문서작성	미국 뷰티상품 유통회사 인턴 10개월(온라인 유통)
해외연수 및 여행	• 어학능력 • 문화이해 • 도전정신	• 필리핀 어학연수(3개월) • 미국 홀로 여행(1개월)
봉사활동	• 팀워크 • 희생정신	• 독거 어르신을 위한 김장 봉사 • 결손가정 아동 멘토 프로그램
아르바이트	• 꼼꼼함 • 직업관	존슨 앤드 존슨 사무보조(3개월)

〈가치관〉

주요 경험	사건 위주 기술
중고등학교	학급 임원은 아니지만, 각종 행사에 적극적으로 참여함(체육대회, 장기자랑, 봉사활동 등)
부모님 가르침	• 아버지 : 맡은 일은 책임감을 갖고 해내자. • 어머니 : 스스로에게 떳떳한 행동을 하자.
전공 또는 진로	경영학 전공 → 기업의 수익 창출 구조, 마케팅기법, 기업의 흥망성쇠를 결정하는 요인 등을 배우고 싶었음
생활신조 & 교훈	• 타인이나 사회에 도움이 되는 사람이 되자. • 절대 남에게 피해를 끼치지 말자.
터닝포인트	복수전공으로 심리학을 선택 → 사람에 대한 관심을 가지게 됨
좋은 습관	• 꼼꼼하게 계획을 세우는 버릇 • 매일 신문을 읽으며, 경제 전반의 흐름을 잘 알게 되었음
멘토 & 스승	• 고등학교 때 선생님의 가르침(책임감을 가지고 임하게 됨) • 아르바이트에서 사장님의 솔선수범한 모습(업무자세를 배움)
성격의 장단점	• 장점 : 계획적으로 우선순위를 선정하며 마감기한을 잘 지킴 • 단점 : 많은 일을 하려는 욕심이 있어서 여유가 없어 보인다는 이야기를 종종 들음

이외에도 정말 많은 경험분석 방법이 존재하므로 자신에게 잘 맞는 방법이 무엇인지 판단하고 활용하기 바란다. 내가 가진 경험과 직무역량을 구분하고 정리한 자료는 취업의 중요한 나침반이 되어줄 것이다. 실제로 자기분석을 한 구직자와 그렇지 않은 구직자를 비교했을 때 취업의 효율성이 200% 차이 난다고 자부할 수 있다.

Chapter 02

문과생 경험,
눈에 띄게 만드는 방법

경험분석을 끝냈다면 이제는 경험을 자기소개서로 연결해야 한다. 힘들게 작성한 경험분석을 근거로 자기소개서를 쓸 때는 직무 역량에 맞는 행동들이 무엇인지 자기소개서에서 찾아볼 수 있어야 한다. 하지만, 문과생이 작성한 자기소개서를 살펴보면 대부분 일반적인 경험을 나열하기 급급하다. 이는 STAR 자소서의 한계라고 볼 수 있다.

STAR 기법

그렇다면 왜 아직도 많은 사람이 STAR를 활용하여 자기소개서를 작성하는 것일까? STAR는 2008년 대기업을 중심으로 임원 선발이나 중간 관리자 선발의 Assessment 연수에 활용되었고, 이후에는 신입 채용까지 확대되었다. STAR 기법은 미국에서 MBA 에세이를 준비할 때 가장 기초적으로 알려주는 글쓰기 구조로 1956년 미국의 AT&T가 처음 도입하였으며, 그 이후 많은 기업이 Assessment 연수에 이 기법을 활용하여 인재를 선발하고 육성해 왔다. 이때 AC(Assessment Center)는 역량중심 행동면접(Competency-Based Behavioral Interviewing; CBBI)에서 대상자의 보유역량을 객관적으로 측정하고자 STAR 기법을 활용한다. 이 때문에 자기소개서를 STAR 기법에 따라 작성해야 한다고 알려졌으며, 이를 변형한 방법으로는 SCAR, 4 MAT 등이 있다.

〈STAR 기법의 작성 과정〉

〈STAR 기법〉

상황(Situation)	경험의 계기 및 이유, 원인, 배경을 5W1H로 설명하는 것으로 주로 과거에 겪었던 내용을 설명한다.
과제(Task)	세웠던 목표와 자신의 역할을 설명하는 단계로 문제를 설명하고 자신의 목표 또는 과업을 강조한다.
행동(Action)	구체적으로 목표를 달성하기 위한 노력과 행동으로 앞서 언급한 상황과 과제에 맞춰서 자신이 갖추고 있는 역량을 객관화시킨다.
결과(Result)	앞서 행동으로 이뤄낸 결과를 통해 어떤 것을 배우고 깨달았는지를 구체적으로 작성한다.

EX 🔍 문과생들이 자주 쓰는 '경험 나열' 사례

저는 저보다 팀을 위해서 헌신하고 배려하는 성격으로, 꼴등 팀을 입상시킨 축구팀 주장으로 활동한 경험이 있습니다. 저희 팀은 15년 이상 된 고등학교 동문 축구팀이어서 연령대가 20대 초반부터 30대 후반까지 다양하였습니다. 저는 앞장서서 회식이나 축구관람 같은 행사로 팀을 화합하게 하여 시너지를 내는 하나의 팀으로 만들었습니다.

이전에는 늘 예선 탈락하는 팀이었지만 저의 임기 중에 뛰어난 팀워크로 강동구 대회에서 입상하는 강팀으로 만들어 다음 세대한테 넘겼습니다. 팀원들은 '팀을 위해 너무 희생하는 거 아니냐'며 걱정해 주었습니다. 하지만 주장직을 수행하면서 제 개인의 욕심보다는 팀이 잘되는 것에 보람을 더 느꼈습니다. 입사 후에도 이러한 헌신과 배려의 팀워크로 ○○○ 업무를 수행하겠습니다.

그렇다고 무작정 STAR을 활용한 방법이 잘못되었다고 볼 수는 없다. 자기소개서를 작성하기 전 STAR을 활용한다면 경험의 구체적인 기준을 정할 수 있기 때문이다. 따라서 STAR이 지닌 경험의 장점은 수용하고, 단점은 개선해서 경험을 정리해야 한다. 이때 가장 중요한 것은 상황과 결과보다 행동에 집중해서 경험을 정리하는 방법이다. 특히, 경험을 정리할 때는 행동의 70% 이상을 기술해야 한다는 기준을 두고 정리를 해야 한다.

EX 🔍 STAR 기법을 적용하여 경험을 정리한 사례

상황(Situation)	저희 팀은 15년 이상 된 고등학교 동문들로 구성된 축구팀이어서 연령대가 20대 초반부터 30대 후반까지 다양하였습니다.
과제(Task)	당시 축구팀 주장으로서 저는 저보다 팀을 위해서 헌신하고 배려하기 위해서 노력했습니다.
행동(Action)	앞장서서 회식이나 축구관람 같은 행사로 팀을 화합하게 했고, 이를 바탕으로 시너지 효과를 내는 하나의 팀으로 만들었습니다. 이전에는 늘 예선에서 탈락하는 팀이었지만 저의 임기 중에 뛰어난 팀워크와 리더십으로 강동구의 축구 대회에서 입상하는 강팀으로 만들었습니다. 또한, 다른 팀과의 경기 시에는 상대 팀을 분석하여 우리 팀의 전략에 도움을 주려고 노력했습니다.
결과(Result)	다음 세대한테 넘겼을 때 팀원들은 '팀을 위해 너무 희생하는 거 아니냐'며 걱정해 주었습니다. 하지만 주장직을 수행하면서 제 개인의 욕심보다는 팀이 잘되는 것에 보람을 더 느꼈습니다.

이러한 과정을 통해서 자기소개서를 작성하면 경험을 기반으로 한 자기소개서가 완성된다. 하지만 STAR 기법에 따라 경험을 정리한 자기소개서는 경험을 주로 부각하고 있어 최근 강조되고 있는 '직무 역량 강조'에 사용하기에는 부족한 부분이 있다.

CPSBS 기법

직무 역량을 강조하는 데에는 CPSBS 기법이 적합하다. 현재 내가 어떤 역량을 갖추고 있는지 중점적으로 보여줄 수 있기 때문에 이 기법을 활용한다면 단점을 어느 정도 개선해서 기술할 수 있다.

〈CPSBS 기법〉

핵심 역량 (Core)	경험을 통해서 보여주려고 하는 핵심 키워드를 선정한다.
중점 역량 (Point)	선정된 역량이 왜 필요했는지, 역량이 담고 있는 의미가 무엇인지를 구체적으로 설명하며 주요 목표와 과제를 언급한다.
역량 발현 상황 (Situation)	역량이 필요했던 구체적인 이유와 원인, 배경을 5W1H로 설명한다.
역량 관찰 행동 (Behavior)	앞서 제시한 역량을 관찰할 수 있는 객관적인 노력과 행동만을 주로 기술하며, 다른 역량은 언급하지 않는다.
역량 발현 결과 (Summary)	역량 발현 행동으로 이뤄낸 결과와 어떤 것을 배우고 깨달았는지를 구체적으로 정량 또는 정성으로 적어준다.

EX 🔍 CPSBS 기법을 적용하여 경험을 작성한 사례

15년 이상 된 고등학교 동문 축구팀을 입상시켰던 비결은 '공정성'을 바탕으로 한 선발 기준이었습니다. 만년 꼴찌였던 팀에는 큰 문제점이 하나 있었습니다. 고등학교 동문이라는 이유로 선발이 마구잡이로 진행되어 주전 멤버 선정에 대한 공정한 기준이 꼭 필요했습니다.

주장으로서 강팀을 만들기 위해 무작위 선발 과정을 바꾸고자 객관적인 선발 기준을 마련하였습니다. 처음에는 팀원의 반발이 심했지만, 누구나 만족할 수 있는 기준을 고민했습니다. 팀원들의 훈련 출석 횟수, 골 득실 수, 어시스트 등 각 점수표를 마련하여 한 달 기준으로 평가를 진행했으며, 이를 발표해서 공정성을 높였습니다. 늘 예선에서 탈락하던 팀이 변하기 시작했습니다. 강동구 대회에서 뛰어난 팀워크로 입상하는 강팀이 되었고, 팀 동료들로부터 공정한 선발 과정이라는 평가를 얻을 수 있었습니다.

EX 🔍	**CPSBS 기법을 적용하여 경험을 정리한 사례**
핵심 역량 (Core)	15년 이상 된 고등학교 동문 축구팀을 입상시켰던 비결은 '공정성'을 바탕으로 한 선발 기준이었습니다.
중점 역량 (Point)	만년 꼴찌였던 팀에는 큰 문제점이 하나 있었습니다. 고등학교 동문이라는 이유로 선발이 마구잡이로 진행되어 주전 멤버 선정에 대한 공정한 기준이 꼭 필요했습니다.
역량 발현 상황 (Situation)	주장으로서 강팀을 만들기 위해 무작위 선발 과정을 바꾸고자 객관적인 선발 기준을 마련하였습니다.
역량 관찰 행동 (Behavior)	처음에는 팀원의 반발이 심했지만, 누구나 만족할 수 있는 기준을 마련했습니다. 팀원들의 훈련 출석 횟수, 골 득실 수, 어시스트 등 각 점수표를 마련하여 한 달 기준으로 평가하였고, 이를 발표해서 공정성을 높였습니다.
역량 발현 결과 (Summary)	늘 예선에서 탈락하던 팀이 변하기 시작했습니다. 강동구 대회에서 뛰어난 팀워크로 입상하는 강팀이 되었고, 팀 동료들로부터 공정한 선발 과정이라는 평가를 얻을 수 있었습니다.

CPSBS 기법을 적용한 예시를 살펴보면 같은 경험이지만 직무 역량이 강조되었다는 점을 알 수 있다. 기존의 5W1H(언제, 어디서, 누가, 무엇을, 어떻게, 왜)를 활용하여 두괄식으로 기술하지 않아도 내가 강조하고 싶은 직무 키워드를 기준으로 기술된다는 점이 가장 큰 강점이다.

자기소개서 작성에 정답은 없다. 많은 사람이 자기소개서의 정답을 찾으려고 노력하는데, 지원자 본인만의 고유한 경험을 바탕으로 작성된 글에 정답이 있을 리 만무하다. 우리가 주로 활용하는 STAR 기법도 글을 전개하는 '논리 구조' 중 하나로 이해해야 한다. 물론 CPSBS 기법도 완벽한 자기소개서를 쓸 수 있는 공식이라고 말하기는 어렵다. 다만 오랜 시간 취업준비생들의 자기소개서를 첨삭하는 과정에서 알게 된, 직무 역량을 강조하는 '논리 구조'라고 할 수 있다.

- C : 회계능력 및 자격증 취득
- P : 전산회계, 세무 자격증 취득 목적 및 취득으로 인한 변화 예상
- S : 시험이 어떤 형태로 나오는지 확인
- B : 회계 과목에서 배우게 된 지식, 세무를 통해서 배우게 된 지식
- S : 취득 이후 지식 성장으로 변화하게 된 결과

[첫 출사표는 '자격증 취득', 회계 전문가로 수업 주도해]

제가 갖추고 있는 회계능력은 전산회계와 세무에 대한 자격증을 취득하면 수업에 대한 이해도와 함께 과제 수행력이 높아질 것이라는 저만의 안정성을 확보하기 위한 선택이었습니다. 회계&재무 수업을 원활하게 학습하기 위해서는 안정적인 대안이 필요하였습니다. 당시 제 선택은 자격증 취득으로 부족한 재무제표 구성 및 관련 용어에 익숙해지는 것이었습니다.

시험은 4지선다형 이론시험 30%와 전산 세무회계 프로그램을 활용한 실무시험 70%로 출제되고 있어, 수업에 대한 이해도 및 과제 수행력을 향상하는 데 적절하였습니다. 전산회계 1급을 통해 회계원리, 원가회계, 세무회계(부가가치세 중 매입매출전표)에 관한 기본적 지식을 갖출 수 있었으며, 세무 2급을 통해 법인세, 소득세법 등의 규정에 따라 과세소득을 계산하는 데 필요한 회계실무를 배울 수 있었습니다. 이때 숙지한 전문 지식으로 안정적으로 수업에 참여할 수 있었으며, 중급회계, 결산 및 조정 실무 등에 대한 수업 또한 원활하게 수강할 수 있었습니다.

- C : 시간 분배를 통해 다양한 업무를 담당할 수 있었습니다.
- P : 우선순위에 따른 분배로 데이터베이스 보완업무/보관물관리자 양식 부착 업무를 동시에 처리하였습니다.
- S : 소속은 영업1부, 자리는 수요운영부서 → 두 부서의 업무를 다 수행해야 했는데, 정해진 업무시간에 다 끝내려면 시간자원관리능력이 필요했습니다.
- B : 중요하고 긴박한 일을 먼저 수행(감사 대비 업무) + 중요하지만 긴박하지 않은 일(데이터베이스 추가사항 보완) 수행 → 계획적인 시간관리 가능
- S : 한정된 시간에, 많은 업무를 체계적으로 처리하기 위해서는 시간자원관리에 대한 명확한 기준을 정해서 분배를 통해 업무를 처리해야 합니다.

주어진 여러 개의 업무를 처리할 수 있었던 역량은 '우선순위에 따른 시간자원 분배'입니다. 그 결과 저에게 주어진 두 가지 중요한 업무를 효율적으로 정확하게 처리할 수 있었습니다.

[나만의 습관 찾아, 사분면을 활용한 우선순위 찾기]

당시 저의 소속은 영업 1부였지만, 총무업무를 맡는 수요운용부서에서 근무하게 되었습니다. 그래서 영업팀의 데이터베이스 보완업무와 총무팀의 보관물관리자 양식 부착 업무를 동시에 맡게 되었습니다. 한 번에 두 부서의 업무를 정해진 시간 내에 수행하기 위해서는 '우선순위에 따른 시간자원 분배'가 필요하였습니다. 제가 정한 우선순위의 기준은 『성공하는 사람들의 7가지 습관』의 저자 스티븐 코비가 제시한 방법으로 '중요도, 시급성'을 사분면에 그려 업무를 구분하는 것이었습니다. 그 결과 업무의 우선순위에 따라 해결할 수 있었고, 자신감을 얻을 수 있었습니다. 가장 큰 변화는 마감기한을 제대로 지켜 부서원들의 신뢰도를 얻었다는 것입니다.

- 1순위(중요도 상, 시급성 상) : 보관물관리자 양식 부착
- 2순위(중요도 상, 시급성 하) : 데이터베이스 보완 업무
- 3순위(중요도 하, 시급성 상) : 복지할인 대상 추출
- 4분위(중요도 하, 시급성 하) : 일간업무 작성

무조건 인턴, 대외활동?
오히려 불합격으로 연결

많은 문과생이 자기소개서를 작성할 때 가장 크게 하는 실수가 있다. 인턴, 대외활동 등 좀 더 눈에 띄는 성과를 기준으로 경험을 기술한다는 점이다. 아무래도 눈에 띄는 성과를 정량적으로 강조하려다 보니 주로 발생하는 문제인데 자기소개서의 목적을 정확하게 파악하지 못한 상태로 쓰기 때문에 생긴다.

자기소개서의 가장 큰 목적은 경험을 통해서 가지고 있는 지원자의 숨겨진 정성적 역량을 확인하는 것이다. 지원자가 했던 더 나은 경험의 질을 확인하는 과정이 아니기에 무조건 인턴, 대외활동을 기술한다고 해서 좋은 평가를 받지는 못한다. 하단에 예시로 제공된 자기소개서를 보면 광고동아리 회장, 행사 기획, 예산 확보 등을 강조하고 있다. 분명 좋은 경험이지만 어떤 역량을 보여주려고 하는지 의도를 정확하게 파악하기 힘들다. 처음부터 끝까지 읽어보면 리더십, 팀워크, 설득력 등을 이야기하고 있지만 정작 행동은 주류 협찬받는 과정을 작성하는 데 급급하다는 것을 알 수 있다.

EX_1 🔍 Worst Case(대외활동)

[학부에서 유일하게 스폰서가 생긴 동아리]

대학시절 광고동아리의 회장으로 활동하며 연간 행사를 기획하고 진행하였습니다. 제가 맡은 첫 행사는 대학교 축제기간 동안 있는 광고 전시회였습니다. 직접 만든 인쇄 광고를 축제 기간 동안 전시하는 행사였는데 주어진 예산이 턱없이 모자랐습니다.

저는 후원자를 확보하기 위해 실무에 있는 동아리 선배들에게 연락을 돌려 직접 쓴 제안서를 전달하였고, 그 결과 '잎새주'라는 제품을 협찬받게 되어 광고를 제작하여 전시할 수 있었습니다. 마치 실제 광고대행사가 된 것처럼 회원들도 적극적으로 참여하여 일정에 맞추어 제작을 끝낼 수 있었고, 협찬 받은 주류는 성공적인 전시를 마치고 축하하는 자리에서 마실 수 있었습니다. 위 과정에서 얻은 설득 능력과 팀워크를 바탕으로 본사의 전략 실현에 확실히 이바지할 수 있는 영업관리자가 되겠습니다.

경험으로 자기소개서를 기술할 때 가장 중요한 것은 직무 역량을 중점으로 기술해야 한다는 점이다. 즉, 내가 이 경험으로 어떤 역량을 보여주고 싶은지가 가장 중요하다. 하단의 Best Case를 살펴보면 같은 경험이지만 '도전정신'을 보여주고 있다는 것을 알 수 있다.

EX_2 🔍 Best Case(대외활동)

[도전정신 – 예산 150만 원 확보, 남다른 도전과 성취감으로 한계 극복]

대학교 2학년 때, '젊음'이라는 남다른 주제로 광고 전시회를 진행했습니다. 처음 전시회를 기획할 당시 가장 어려운 점은 예산 확보였습니다. 한 학기에 25만 원을 지원받는 동아리 형편상 비용은 턱없이 부족했고, 예산 확보를 위해서는 도전적으로 임해야 전시회 성공이 가능했습니다.

먼저 목표 예산 200만 원을 정하고, 행사계획서를 작성했습니다. 홍보 활동으로 주류회사에서 일하는 선배로부터 '잎새주' 제품을 협찬받았지만, 행사 진행에 필요한 예산을 모두 확보할 수는 없었습니다. 이후 저는 학부의 예산을 담당하는 학부장님을 찾아가 추가 예산을 요청했습니다. 처음에는 형평성 때문에 안 된다는 의견을 받았지만, 계속해서 찾아간 결과 주변에 학교를 홍보할 수 있는 계획서를 이용하면, 홍보예산을 지원받을 수 있다는 점을 알 수 있었습니다. 이를 통해서 모두가 불가능하다고 했던 150만 원의 추가 예산을 확보하면서 성취감을 느꼈고, 끊임없이 도전하면 한계를 극복할 수 있다는 교훈을 얻었습니다.

이처럼 자기소개서를 작성할 때는 내가 강조하고 싶은 역량 키워드를 중점으로 기술하는 과정이 중요하다. 서류 검토자 입장에서 고민해 보면 쉽게 이유를 알 수 있다. 서류를 읽는 담당자는 하루에도 수천 개의 자기소개서를 검토하고 있으며, 800자 이상의 글자 수와 3개 이상의 문항들로 구성된 경우에는 짧은 시간에 모든 내용을 확인해야 하기 때문이다. 따라서 내가 강조하고 싶은 직무 역량과 벗어나서 많은 내용을 전달하려고 하다 보면 정보가 분산되어서 검토하는 이로 하여금 혼란을 줄 수 있다.

인턴 업무 경험도 비슷하다. 무작정 했던 활동을 나열하기보다는 경험을 통해서 내가 가진 역량이 무엇인지 기술하는 것이 중요하다. 하단의 잘못 작성된 예시를 살펴보면 내가 했던 업무를 중점으로 문제를 해결해 나가는 과정을 볼 수 있다. 하지만, 경험 기준으로 기술되다 보니 자기소개서를 통해서는 어떤 능력을 갖추고 있는지 정확하게 알기 어렵다.

EX_3 🔍 Worst Case(인턴)

일본(본사)에서 필름 원단(원재료)을 한국 지사에 들여오는 업무를 담당했습니다. 이때 저는 들여온 원단을 한국 지사에서 재가공한 다음에 고객사에게 제공하는 업무를 주로 진행했습니다.

제품에 관련한 한국 고객(LGD, SDC)의 품질 기준점이 있었고, 일본 측과 어느 정도 선까지 불량 범위를 판단할 건지 정했습니다. 만약, 그 기준을 넘었을 땐 필름 원단(원재료)의 반품을 어느 시일 내에 진행해줄 건지, 단가는 어떻게 할 것인지를 맡아서 양측의 의견을 조율하는 정합 업무를 담당했습니다. 특히, 원단 상태가 안 좋으면 어떻게 재배상을 할 것인지가 중요했습니다. 이때 저는 고객사 기준보다 기존 스펙을 높게 정해서 일본과 협상을 체결했습니다. 이는 최대한 한국 고객사에게 불량이 안 나게 하려는 전략으로 했던 선택이었습니다. 또한, 한국 고객사 기준을 직접 파악하기 위해 현장에 직접 방문해서 합격 품질 샘플을 받아왔고, 직접 일본 측 출장자에게 보여주면서 가격 및 제품 스펙 협상을 체결했습니다. 그 결과 양측의 만족을 끌어내서 본사의 원재료를 무사히 한국 지사로 들여올 수 있었습니다.

반대로 하단의 잘 작성된 예시를 살펴보면 지원자의 '대인관계능력'을 확인할 수 있다. 양측의 사이에서 어떻게 협상을 끌어냈는지 경험의 행동을 통해서 확인할 수 있는 점이 가장 크게 다른 점이라고 볼 수 있다. 그래서 경험의 결과를 확인해 보면 지원자가 적절한 합의점을 찾는 데 능하다는 것을 알수 있다.

EX_4 🔍 Best Case(인턴)

갈등이 발생하면 상대방 의도에 맞춰서 적절한 합의점을 제시합니다. 일본(본사)에서 필름 원단(원재료)을 한국 지사에 들어오며 고객사 기준보다 높은 기준으로 샘플을 받아와 협상을 빠르게 끌어냈습니다.

제품과 관련하여 한국 고객(LGD, SDC)의 품질 기준점이 있었습니다. 이때 저는 일본과 한국 측 협상을 조율하는 정합 업무를 맡아서 합의점을 빠르게 이끌어내야 했습니다. 주로 다뤄지던 내용은 불량 판단 여부, 원단(원재료) 반품 시일, 단가 등으로 법률적 문제와 영업이익과도 연결되는 중요한 부분이어서 중간 입장에서 어려움이 컸습니다. 하지만 이때 저는 비용이 추가되지 않는 범위에서 고객사가 제시한 기준 스펙보다 높게 협상을 할 수 있도록 조율하였습니다. 이는 최대한 한국 고객사의 불량을 줄이기 위한 전략이었습니다. 이를 위해서 저는 직접 한국 고객사에 현장 방문하여 요구하는 합격 품질 샘플을 받아왔고, 일본에서 온 담당자에게 보여주면서 협상을 체결할 수 있었습니다. 이는 수동적으로 있기보다 양측의 요구사항을 파악하여 적절한 합의점을 찾았기에 가능했다고 생각합니다.

이처럼 눈에 띄는 성과 및 업무 경험을 무작정 기술한다고 해서 좋은 평가를 받는 것이 아니다. 합격하는 자기소개서는 별다른 경험이 아니라도 과정을 통해서 어떤 역량을 갖추고 있는지를 확인할 수 있어야 한다. 특히, 최근에는 채용 환경이 변하면서 '해당 직무를 수행할 수 있는 능력이나 경험을 가지고 있는가?'를 중요하게 여기고 있다.

이제는 인턴이나 대외활동 등 질 높은 경험을 기술해야 한다는 잘못된 생각에서 벗어날 시기이다. 오히려 스토리텔링을 통해서 내가 보여줄 역량을 서론–본론–결론에 맞춰 일관되게 담는다면 자기소개서는 보다 설득력을 갖출 수 있다.

기업은 어떤 문과생을 원할까?

기업이 채용하고 싶은 인재를 정확하게 이해하고 접근한다면 '지피지기 백전백승'이 가능하다. 그렇기에 기업이 어떤 인재를 원하는지에 대한 깊은 고민이 필요하다. 물론 문과생이 취업을 원하는 모든 기업 그리고 직무마다 채용 방식과 선호하는 인재가 다르기에 정답은 없다. 하지만 목표로 한 기업이 선호하는 인재 유형을 먼저 파악하고, 이를 자기소개서에 기술할 수 있다면 합격에 한 걸음 다가설 수 있다.

과거에는 1명의 뛰어난 인재가 1만 명을 먹여 살리는 게 가능했다. 그래서 인사팀은 스페셜리스트(Specialist)를 채용하기 위해서 애썼다. 이를 반증하는 것이 몇 년 전까지만 해도 취업 시장에서 꼭 갖춰야 한다고 불렀던 8대 스펙(Spec)이다. 학벌, 학점, 토익, 어학연수, 자격증, 봉사활동, 인턴, 수상경력을 반드시 가지고 있지 않으면 취업이 어려웠고, 때문에 많은 취준생들이 맹목적으로 스펙 쌓기에만 전념했다. 당시에만 해도 자기소개서보다는 이력서를 기준으로 비슷한 잣대를 두고서 인재를 평가했다. 그러다 보니 1년 안에 퇴사하는 비율이 입사 인원 대비 평균 20~30%에 달했다.

이제 기업은 뛰어난 인재가 아니라 '적합한 인재'를 채용하고 있다. 적합한 인재는 한마디로 채용 후 실무에 즉시 투입이 가능하거나, 직무를 제대로 이해하고 있는 인재이다. 그런데 요즘의 문과생들은 이를 잘못 이해하고, '무조건 성과를 낼 수 있다. 전문성을 갖추고 있다.'는 정량적 측면만을 강조한다.

EX_1 🔍 적합한 인재(노동법 이해도)

> 법학을 전공했던 저는 노동법, 사회보장 기본법 등을 숙지하며 시행령, 시행규칙들을 접하며 학창 시절을 보냈습니다. 그리고 대학교 시절에는 각종 대외활동과 아르바이트, 봉사활동 등을 통해서 다양한 사람을 겪고 배우며 성장하였습니다. 그렇게 팀원들을 이끌고, 항상 꼼꼼하게 맡은 바 업무를 수행하다 보니 자연스럽게 사람을 관리하고 이끄는 인사업무에 매력을 느껴 취업 준비를 하였습니다.
>
> 현재는 실무적으로 사용되는 노동법을 이해하였으며, 급여 테이블, 회사사규, 최근 인사 이슈 등 실무능력을 숙지하고자 노력하고 있습니다. 다른 어떤 지원자보다 '급여정산', '연월차관리', '4대 보험관리', '법인 차량관리', '복리후생(건강검진, 식당 및 간식, 경조사 등)' 등 다양한 실무를 수행하면서 인사 총무 업무에 임할 자신이 있습니다.

기업에서 원하는 적합한 인재는 단순히 전문성을 강조하는 것이 아니다. 자신의 과거 경험들과 회사에서 수행 가능한 과업을 유추하고 이를 연결할 수 있어야 한다. 위의 예시에서 작성된 자기소개서를 살펴보면 자신이 배웠던 지식과 대외활동 경험을 실무로 연결 지어서 설명하고 있다. 인사팀에서 가장 알고 있어야 하는 법률은 무엇인지, 총무 역할과 임직원과의 관계를 제대로 이해하고 있는지를 직접적으로 서술하고 있다. 이처럼 전문성을 강조하더라도 자신이 지원한 기업에서 어떤 인재를 원하는지를 분석하고 기술할 수 있어야 한다.

그렇다면 직무와 상관없는 경험은 어떻게 기술해야 할까? 직무와 상관없는 간접적인 경험이라도 업무적 특성을 이해하고 있다면 충분히 기술이 가능하다. 직무에 대한 경험보다 과업에 대한 사고방식이나 생각이 더 중요하기 때문이다. 만약 지원하는 직무와 관련된 경험이 중요했다면 회사에서는 경력직을 채용하면 된다. 하지만 굳이 신입을 채용하는 이유는 전문가로 성장할 가능성이 높은 자질이 우수한 사람을 얻기 위함이다.

EX_2 🔍 자질이 우수한 사람(인사총무)

인턴 시절 통관 및 항공기 수송 기준에 대해 엑셀로 기존 자료를 데이터화하고 현황을 분석하였습니다. 가장 큰 문제는 각 기준에 부합하는 품목별로 접수 절차에서부터 한눈에 들어오게 정리하는 것이었습니다. 그중에서도 액체류가 포함된 제품군은 기내 수송이 가능한 적정 용량인지를 확인받아야 했고, 의류 등 브랜드 제품은 가격에 민감해서 통관 과정에서 문제가 생길 수 있었습니다.

비록 인턴이었지만 기존 업무에서 발생하는 문제를 깊이 생각해 보았습니다. 제가 선택한 방법은 기존 자료들을 엑셀 작업해서 리스트를 만들어 고객의 정보, 물류에 대한 정보를 저장하고, 취소 및 품목이나 수량, 요청 사항 등이 변동될 때마다 업데이트했습니다. 그중 자주 변동되는 내용들은 날짜별로 색 필터를 활용하여 중복이 없도록 힘썼습니다. 또한, 참조(V, H lookup), 논리(If, And) 등 필요한 함수를 이용하여 데이터를 분석하여 현황을 파악하였습니다. 그 결과 문제없이 고객사에게 현황을 보여줄 수 있었다는 과장님의 칭찬과 함께, 실무에 필요한 엑셀 능력을 인정받을 수 있었습니다. 인사총무에서 빠른 업무 처리를 위해서는 실무에서 직접 쓸 수 있는 엑셀 기술이 필요합니다. 기존에 갖춘 엑셀 실력 외에 선배님에게 직접 물어보고, 모르면 책을 사서 공부하면서 더욱 실력을 높이겠습니다.

다음으로 제시된 예시를 살펴보면 인턴에서 수행했던 과업이 인사 총무와는 직접적인 관련이 없다는 것을 알 수 있다. 하지만 수행업무를 살펴보면 인사 총무 과업에 필요한 자질과 내용을 담고 있다. 직무와 관련이 없더라도 문과생들이 일반적으로 경험하는 인턴, 아르바이트, 공모전, 여행, 군대, 동아리 등 모두 연관지어 작성하는 것이 가능하다.

왜냐하면 기업과 수행 과업 입장에서 접근해야 지원자의 사고방식이나 생각을 엿볼 수 있기 때문이다. 하단에 작성된 예시를 살펴보면 해외 영업의 관점에서 자신이 갖추고 있는 계수 능력이 필요한 이유를 객관적으로 설명하고 있다.

EX_3 🔍 자질이 우수한 사람(해외영업)

평소 남다른 계수 관리능력으로 학부 시절 가장 좋아하는 과목은 회계 원리였습니다. 이는 어린 시절부터 논리적으로 사고만 하면 정답이 딱 떨어지는 숫자에 관심이 많았기 때문입니다.

숫자는 회계 원리와 밀접한 연관성이 있습니다. 손익계산서, 재무상태표, 계정과목 등 모든 것은 숫자들의 조합으로 이뤄져 있으며, 회사에서 내가 하는 모든 업무활동과 깊은 연관이 있습니다. 그렇기에 회계 기초지식이 없는 해외영업인은 장기적으로 성장하기 어렵습니다. 송장처리, 환율변동, 제품 Nego, 자재관리 등을 이해하는 데 회계는 필수이며, 이는 계수 관리능력으로 연결됩니다. 따라서 해외영업인에게 회계 기초지식은 수익성을 판단하고 더 큰 업무로 연결될 수 있는 발판인 셈입니다.

처음 출발점에 섰을 때는 계수 관리능력의 차이가 큰 차이를 만들지는 않습니다. 하지만 장기적인 측면에서 살펴보면 회사 재무제표를 이해할 수 있으며 더 큰 신규 거래처를 발굴할 수 있는 원동력이라고 생각합니다.

뽑히고 싶은 문과생이 되기 위해서는 나 자신이 '적합한 인재'라는 점을 입증해야 한다. 이때 가장 중요한 것은 자신이 지원한 기업에서 어떤 인재를 원하는지를 분석하고, 나의 경험과의 일치성을 찾아내 기술할 수 있어야 한다.

Chapter 05

문과생이 꼭 알아야 하는 '키워드'

자기소개서의 일관성을 위해서는 항목 전체를 관통할 수 있는 '키워드'를 선정해야 한다. 이를 'Key‒Message'라고 하는데, 이 메시지를 잘 선정하면 서류를 평가하는 인사담당자로 하여금 '한 번은 만나보고 싶다.'는 이미지를 주게 된다. Key‒Message를 전달하기 위해서는 작성하기 전 기획 과정이 꼭 필요하다.

최근 채용을 진행하는 기업을 보면 최소 3개, 많게는 6개의 문항을 통해서 자기소개서 작성을 요구한다. 이런 경우 무조건 자기소개서를 기술하지 않고, 문항마다 어떤 역량을 중점적으로 기술할 것인지 고민이 필요하다. 이렇게 작성된 자기소개서의 가장 큰 특징은 각각의 경험으로 구성되어 있지만, 전체 내용을 봤을 때, '개연성'이 있다는 점이다.

자소서 작성 전 항목별 역량과 경험 분류 및 자소서 예시

〈현대중공업의 자기소개서〉

자기소개서 항목	글자 수	강조역량 및 경험
지원동기	800자	보쉬에서의 인턴, 공학적 지식, 어학 능력, 기업분석
도전 & 성취	800자	직무확신, 도전정신, 지원동기, 직무이해도
직무역량	800자	공학적 지식, 어학 능력, 직무이해도
입사 후 포부	500자	직무이해도, 기업분석, 도전정신

01 지원동기

[기술영업의 매력에 빠져 현대중공업과 함께 도약기 준비]

　현대중공업은 규모 및 인지도에서 이상적인 기업이기 때문입니다. 현대중공업의 진가는 협력업체에 속하는 보쉬에서 인턴을 하면서 깨달았습니다. 저는 엔지니어로서 품질 부서도 충분히 매력적이었지만, 공학적 지식을 기반으로 사람들을 만나서 부품 및 장비를 설명하는 과정에 빠져버렸습니다. 그중 현대중공업은 제가 가진 공학적 지식과 어학능력을 동시에 발휘할 수 있는 회사였습니다. 오로지 해외 수주로 성과를 올리는 현대중공업의 특성상 세계 여러 나라 고객들과 소통하고, 직접 해외로 나가 기술영업을 해야 하는 업무가 저한테는 매력적으로 다가왔습니다.

　2018년의 현대중공업은 2017년 5월 10일 4개 사의 분할 이후 첫 도약기를 맞고 있습니다. 현재 현대중공업은 변경·재상장을 앞둔 시점에서 많은 사람들이 영업 손실 3,420억 원을 언급하며 우려를 표출합니다. 하지만 저는 불황기에도 돋보인 현대중공업의 재무건전성에 주목하였습니다. 만약 회복기에 수주를 통한 영업경쟁력이 확인된다면 현대중공업의 힘을 보여줄 수 있다고 확신했습니다. 그리고 현재까지 조선·엔진 부문의 고수익성 유지와 해양·플랜트 부문의 잔여 공사 추가 손실 개연성이 낮아지고 있는 점을 사업 부문별 영업실적 추이를 통해 확인하였습니다. 2018년 수주의 중심은 LNG선이 될 것이라는 기대감이 많습니다. 제가 가진 공학적 지식과 어학능력으로 현대중공업의 기술영업을 책임지겠습니다.

02 도전 & 성취

[성과를 내는 1%의 비밀, 업무 자세에서 찾아보다]

엔지니어로서 품질관리에 머무르지 않고 기술 영업에 도전할 수 있었던 것은 "포기하지 말고 도전하자"는 아버지의 말씀 덕분이었습니다. 30년간 건축회사에 일하셨던 아버지는 제가 가진 도전적 기질과 엔지니어 지식을 바탕으로 할 수 있는 다양한 직무를 말씀해 주셨습니다. 그중 가장 와닿은 직무는 기술영업이었습니다. 그리고 회사를 고를 때는 연봉과 복지보다는, 함께 성장하는 데 도움을 줄 회사를 찾으라고 조언해 주셨습니다. 그 회사가 바로 현대중공업입니다.

이런 아버지의 조언을 바탕으로 보쉬 전장의 품질부서에서 근무하며 도전적인 업무 자세의 중요성을 배웠습니다. 제가 인턴으로 입사한 부서는 파워 윈도우 모터를 담당하는 부서였습니다. 주로 고객 업체의 정기검사를 진행하는 업무로, 다양한 부서와 함께 의논하여 품질 문제를 예방하는 것이 주 업무였습니다. 때문에 연구개발, 생산&공정, 영업 부서 사람들과 잦은 회의 기회가 있었는데, 특히 영업부서 사람들과 회의를 하는 매 순간이 도전의 연속이었습니다. **최전방에서 업체의 수주를 끌어내는 영업부서에 확신을 주어야만 했기 때문입니다.** 혹시나 문제가 발생하면 연구개발, 생산&공정 팀과 밤샘 논의를 거쳐 품질 문제를 해결해야 했습니다. 또한, 정확한 설명을 요청하는 회사가 있을 때는 직접 현장을 나가서 담당자에게 정기 검사 내용을 설명하여 고객사의 신뢰도 얻어야 했습니다. **결국, 회사의 모든 업무는 포기하지 않고 도전하는 업무 자세에서 시작됨을 배웠던 첫 사회경험이었습니다.**

03 직무역량

[3가지 직무역량 갖춰, 준비된 "현대중공업 人"]

첫째, 엔지니어로서의 지식

학부 4년간 탄탄한 기초공학적인 지식을 갖추었습니다. 따라서 기술영업 시 공학적 이해, 분석 및 응용 지식으로 **시장에서 원활한 소통이 가능합니다.** 이는 최근 현대중공업의 영업정책과도 일치합니다. 선체 설계(구조), 기계 설계(기장), 설비(HVAC) 등에 대한 지식으로 고객에게 더 높은 신뢰성을 줄 수 있습니다.

둘째, 사업본부의 운영 이해

사업본부의 운영을 이해하는 자세는 영업에 꼭 필요한 태도입니다. 특히 영업은 매출기준에 맞춰 단기, 중기, 장기 실적을 달성하고 성과를 지켜볼 수 있어야 합니다. 이때 영업의 성과달성을 돕는 고객과 딜러 초청 행사, 채널 판매 정책 수립 등에 대한 이해를 발판삼아 업무를 한다면 다른 팀보다 빠르게 실적을 달성할 수 있습니다.

셋째, 의사소통에 문제없는 어학 실력

누구와도 자신 있는 회화가 가능합니다. 학부시절에는 외국인 친구들이 300명 이상이었으며, 인턴 업무를 수행할 때는 해외업체와의 자유로운 의사소통이 가능했습니다. 따라서 세계를 상대로 하는 현대중공업에서 수출 대상국 딜러 및 현지 법인과 원활한 소통이 가능합니다. 이러한 어학 능력은 국내/해외 영업부 직무 로테이션이 이뤄지는 현대중공업 특성에 맞는 업무수행이 가능합니다.

04 입사 후 포부

[新 원동력은? '행동력'으로 대규모 수주 높여]

2018년 수주의 중심은 LNG선이 될 것임에 따라 한국 조선업에는 터닝 포인트가 예상됩니다. 특히 이번 달 5일에는 유럽의 조선사로부터 LNG선 2척 수주를 시작으로 현재까지 총 29척을 20억 달러에 수주하였습니다. 유일하게 다양한 선종과 크기의 선박을 건조할 수 있는 프로덕트 믹스와 독보적인 액화천연가스(LNG) 관련 기술력을 바탕으로 해외 고객과 딜러들에게 도전적으로 영업 활동을 펼치겠습니다.

또한 불황이 시작되기 전 기존의 매출, 실적자료를 분석하여 수주 가능성이 큰 업체들을 찾아보겠습니다. 저가 입찰로 한국 조선사를 압박하는 중국을 뛰어넘기 위해서는 도전정신을 바탕으로 한 실행력이 필요합니다. 차별화된 기술력과 지속적인 관리를 통해 선사에 긍정적 인상을 남길 수 있다면 더 많은 수주 계획이 가능할 것이라고 확신합니다.

네 가지 항목에서는 지식(전공지식), 경험(직무이해), 기술(외국어능력), 인재상(도전정신)에 맞는 내용이 중점적으로 작성되어 있으며, 일관되게 자신이 직무에 필요한 역량을 갖추고 있음을 보여주고 있다. 특히, 지원동기와 입사 후 포부는 기업분석을 기반으로 연결성을 부여하여 구직자가 지원한 진심과 일관성을 확인할 수 있다.

평가위원에게 만나고 싶은 지원자가 되고 싶다면 그만큼의 정성과 고민을 하기 바란다. 하물며 여행지를 고르거나 컴퓨터를 구매할 때도 수십 개의 리뷰를 살펴보고 경쟁 제품과 비교하는 등의 열과 성을 다한다. 자기소개서도 마찬가지이다. 다른 지원자보다 더 눈에 띄고 싶다면 자신의 역량을 구체적으로 표현하는 것이 중요하다. 자신의 강점과 경험을 적극적으로 표현하되, 회사의 가치와 인재상을 적절히 녹이는 것이 핵심이다.

PART

02

실무진이 공감할 수밖에 없는 기업분석

누가 봐도 뽑고 싶은
인문계 자소서

지원동기, 회사와 문과생 사이의 괴리

인문계 취업준비생들은 요새 4학년 2학기, 한 학기만에 취업하는 경우가 매우 드물다. 짧게는 2번의 취업시즌을 보내며 1년, 길게는 2년도 넘게 취업 준비를 하는 상황이다. 그 사이에 인턴이든, 계약직이든 여러 경험을 하면서 취업시즌을 보내고, 여러 취업 강의나 책들, 인터넷 정보들로 꾸준히 공부하기 때문에 **직무 공부나 자기소개서 작성 능력에 있어서는 극심하게 상향평준화**가 되어 있다. 따라서 이제 막 취업을 준비하기 시작한 4학년 학생들은 한 학기 준비해서 취업에 성공하는 것은 운이 많이 따라야 함을 알아 두자. 그만큼 문과생들의 취업 시장은 티오(TO) 대비 공급이 너무 과다한 시장이다.

이런 상황이기에 자기소개서에서 가장 중요한 영역인 지원동기 역시 상당히 수준급의 글들이 많이 보인다. 기업에 대해 분석하고 공부하면서, 왜 그 기업에 가고 싶은지에 대해 잘 서술해놓은 글들이다. 굉장히 잘 썼지만 그래도 공통적인 문제를 보이는 경우가 많다.

문제점 1. 회사 칭찬만 하는 글을 쓰게 된다

기본적으로 상경계열 학생들이거나, 비상경계라도 부전공, 복수전공으로 상경계를 접했거나, 그게 아니더라도 어느 정도 기업을 바라보는 눈을 가진 전공일 경우 회사에 대해서는 매우 잘 분석해놓는다. **오히려 그래서 문과생들은 큰 괴리에 빠지게 된다.** 처음부터 끝까지 회사 칭찬만 하는 글이 정말 많다. 특히 400~500자 정도로 지원동기를 서술해야 하는 짧은 글에서 더욱 두드러지게 나타나는 현상이다. 어떤 느낌인지는 다음 사례를 살펴보자.

EX 🔍 지원동기 Worst Case

5G로 미래를 선도하는 KT

산업이 빠르게 변하고, 디지털 변환이 가속화되는 미래에는 디지털 변환 시기를 놓친 많은 기업들이 어려움을 호소할 것입니다. 이런 상황에서 5G 상용화 기술을 가지고 있는 KT의 가치는 더욱 오를 것이라고 생각합니다. 자율주행차, 사물 인터넷 등으로 이야기되는 많은 4차 산업 기술들이 5G를 기반으로 작동될 수 있기 때문입니다. 뿐만 아니라 음성인식 스피커인 '기가지니'를 통해, 자체 플랫폼을 개설하는 등의 사업 다각화를 시도하는 부분에서도 미래 가치를 높게 평가하고 있습니다.

이렇듯 미래 산업에서 핵심적인 역할을 담당하고 있는 KT에 입사하여, 저의 젊음을 투자하여 미래 가치 창출에 기여하고 싶습니다.

일단 여러 문제가 보인다. 첫 번째 문제는 저기 회사의 KT를 SKT나 LG 유플러스로 바꾸고, 밑에 기가지니 부분만 각 회사에서 만드는 인공지능 비서들의 명칭으로만 바꿔도 별 문제 없이 적용될 수 있는 글이라는 점이다. 즉, 글에 깊이가 없고 기업에 맞춘 특색이 없다.

하지만 그보다 더 큰 문제는 '**나의 이야기**'가 없다는 점이다. 회사를 칭찬하는 것은 좋지만, 내 가치관은 무엇이기에 그 칭찬하는 내용이 내게 의미가 있는지, 그 회사의 장점이 내게 어떠한 의미를 지니는지 이런 부분을 명확히 기술해야 조금이라도 진실된 글을 만들 수 있다. 지금 현재의 글은 그저, 너희 회사가 엄청 좋아서 들어가고 싶다. 이것에 지나지 않는다. 합격을 위해서는 조금 더, 한 발자국 더 나아가야 한다.

문제점 2. 회사분석에 너무 많은 시간을 들이게 된다

문과생들은 다양한 산업군과 기업에 지원하는 경우가 많다. 그래서 항상 지원동기를 서술할 때 더 막막하다. 내가 처음 보는 산업군·기업이기에 괜찮은 지원동기 포인트가 나올 때까지 무한검색을 하게 된다. 다행히 포인트를 빨리 잡게 된다면 다행인데, 정말 관심없는 B2B 산업군에 정보도 별로 없으면, 시간이 속절없이 흘러가면서도 좋은 글이 안 뽑히기도 한다. 그래서 회사분석 방식을 바꿔야 한다. 잘 쓰는 것만큼 중요한 것이 빨리 쓰는 것이다.

더 효율적으로 쓰면서 다른 사람들이 반나절 걸리는 글을 1시간 만에 뽑아 쓸 수 있게 기업분석하는 법, 이것이 가장 중요하다. 이런 방법에 대해서는 다음 챕터에서 차근히 서술해보도록 하겠다.

문제점 3. 너무 뻔하게 회사와의 접점을 서술한다

일단 회사와의 접점을 서술하는 방식으로 지원동기를 작성하는 사람들도 많은데, 대부분은 사실 자기소개서에 쓴 말이 거짓말일 가능성이 높고, 그것이 글에서도 느껴진다. 물론 경험 자체는 거짓이 아니겠지만, 지원동기에 서술한 감정은 분명 과장된 표현일 것이 분명하다. 대부분은 당시 아무 생각 없이 했던 일이고, 아무 생각 없이 봤던 것일 가능성이 높은데, 지금 회사를 지원하는 입장에 와서는 그 당시에 엄청난 감동을 느꼈던 양 서술하는 경우가 있다. 사실 글을 읽어보면 다 표가 난다.

아래 Worst 예시를 살펴보자.

EX 🔍 지원동기 Worst Case

> 롯데 면세점, So I'm loving you
>
> 　3년을 꿈꾼 교환학생 합격 통지를 받고 비행기 티켓을 끊자마자 간 곳은 롯데 면세점이었고, 그곳이 제 인생 첫 면세점이었습니다.
>
> 　부산 최고의 면세점이었음에도, 외국에 나갈 일이 없어 가보지 못했던 곳이었고, 이제 해외로 나간다는 들뜬 마음으로 간 그곳에서 저는 미국에 도착한 것처럼 기뻤습니다. 좋아하던 방탄소년단과 최고 스타들이 모델이나 명예지점장으로 활동하고, 'So I'm loving you'라는 노래로 면세점으로서 최고의 브랜드 전략을 펼치던 롯데의 모습을 그곳에서 볼 수 있었습니다. 그곳에서 가격이 비싸 고민만 하던 만다리나덕 백팩을 국내 패션잡화 4대 브랜드 기획전 세일 덕분에 살 수 있었습니다. 그렇게 산 가방을 미국에서 1년 동안 메고 다니면서, 여러 외국인에게 가방에 대한 관심도 받았었습니다.
>
> 　제가 느꼈던 이러한 면세점에서의 경험과 트렌디함을 새로운 고객들에게 제공하는 사람이 되고 싶습니다.

위의 글을 괜찮다 생각할 수도 있다. 하지만 분명 손발이 오그라드는 사람도 있을 것이다. 일단 면세점에 갔다고 미국 갔다는 것처럼 기뻤다는 것 자체가 너무 작위적인 느낌이다. 물론 처음 면세점을 갔을 때 느꼈던 감정이 정말 좋았을 수도 있다. 하지만 그게 꼭 롯데 면세점이 아니었어도 그렇지 않았을까? 다른 면세점에 가도 똑같이 느꼈을 감정을 지금 롯데 면세점 자기소개서를 쓰다 보니 억지로 끌어오며 쓴 것이 아닐까? 그래서 본인도 쓰면서 스스로 '자소설'을 쓰고 있다고 생각한다면 그것은 잘못된 자기소개서이다.

이외에 '크로아티아 자그레브에서 본 현대자동차 대형 광고판을 보고 자부심을 느꼈다'든지, '대학 내내 사용한 그램 때문에 LG전자에 대한 선망이 생겼다' 같은 낯 뜨거운 문장들을 쓰는데, 가슴에 손을 얹고 그게 진짜인지 아니면 내가 지금 자기소개서를 쓰면서 '자소설'을 쓰고 있는 것이 아닌지 고민해보기 바란다.

이 부분에 대해서는 조금 더 냉정하게, 어떻게 자기소개서를 써야 하는지 다음 글에서 차분히 설명해보도록 하겠다.

지원동기 작성 꿀팁

❶ 지원동기는 회사에 대한 칭찬만이 아니라 내 가치관/직업관/인생관을 보여줘야 한다.
❷ 괜찮은 지원동기 소재가 떠오를 때까지 지원회사를 검색하고 정보를 모으는 당신, 결국 잘 쓸 수는 있을지 몰라도 시간을 낭비하는 길이다. 빠르게 쓰는 법을 익히자.
❸ 내가 쓰는 것은 '자소설'이 아니다. 낯 뜨겁고 과대포장된 회사와의 접점을 지양하라.

Chapter 02

지원동기, '잘'이 아닌 '빠르게' 쓰기

왜 지원동기를 '잘'보다 '빠르게' 써야 하는가?

일반적인 초출(初出) 취업준비생들은 자기소개서를 쓰는 데 시간이 아주 많이 걸린다. 쓰다가 제출기한을 넘겨버리는 경우도 부지기수며, 2~3일 걸려 회사 한 곳의 자기소개서를 간신히 완성하고도 마음에 들지 않아 제출하지 않는 경우도 있다.

그런데 일반적인 대기업에서, 최종합격자 기준으로 서류합격은 약 10~15배수가 뽑히고, 인적성에서 그를 6~8배수까지 감소시켜 1차 면접을 실시하며, 1차 면접에서는 2~4배수까지 줄여 2차 면접을 실시하게 된다. 최종 대비 10~15:1이라면 서류합격은 합격을 위한 시작 단계에 불과할 뿐인데, 그 시작을 꼼꼼히 써내느라 아예 지원조차 실패하게 되는 것은 너무 비효율적이다. 더 창창한 가시밭길이 기다리고 있는데 그저 빨리빨리 써버리고 제출해버린 후에 다음 회사 자기소개서를 쓰는 것이 더 효율적이지 않을까?

또한 프롤로그에 서술했듯, 취업이란 운의 요소가 꽤나 작용한다는 것을 이해하는 것이 좋다. 자기소개서의 경우만 하더라도, 어떤 성향을 가진 인사팀 손에 들어갔는지에 따라서 나라는 사람을 좋아할 수도 싫어할 수도 있는 노릇이다. 수백 대 1이 기본 경쟁률이 된 가운데, 다양한 방식으로 평가하는 인사팀이기에 인사팀 개별의 선호도에 따라 서류 필터링도 달라지게 된다. 따라서 취업에서, 특히 서류단계에서 운이 어느 정도 작용한다는 것을 인지하게 된다면 자기소개서 하나하나에 쏟는 시간을 최소화시키는 것이 합리적이라는 결론에 도달하게 된다.

따라서 자기소개서에서 가장 긴 시간을 들여 쓰는 지원동기를 빠르게 쓰는 연습을 하는 것이 필요하다. 어차피 나머지 내용들이야 경험이 한정적이기에 마스터자소서화하여 '복사+붙여넣기'를 하면 되는데, 지원동기는 그게 잘 되지 않으니 상대적으로 시간을 많이 소비하게 된다. 그러므로 이제부터 지원동기 작성의 효율성을 높이기 위한 방법을 알아보자.

지원동기, 효율적으로 쓰는 법

일반적으로 지원동기에 접근하는 방식들은 너무 오랜 시간이 걸리며, 자신의 이야기가 부재되어 있다는 단점이 있었다. 여러분이 지원동기를 쓸 때를 생각해보자. 우선 네이버나 구글에서 해당 회사를 검색할 것이다. 기사를 읽고 홈페이지도 쓱 보고, 그리고 조금 더 볼 줄 아는 친구는 다트, 신용평가사이트, 주식 애널리스트 보고서 정도를 찾아볼 것이다. 그러다가 다른 회사보다 낫다고 느껴지거나, 최근 잘되고 있는 것을 발견하면 내적 댄스를 추면서 지원동기 쓰기에 돌입할 것이다. 그러다가 좀 식상해보이면 다른 것을 더 찾아서 붙여보는 등의 과정을 반복할 거라 생각한다. 시간도 많이 걸리고, 본인이 관심 없거나 정보가 별로 없는 기업이면 수렁에 빠지기가 일쑤다.

필자도 어떻게 하면 지원동기를 효율적으로 쓸 수 있을지 오랜 기간 고민해왔다. 회사 한 곳 마다 긴 시간을 들여 가며 쓰거나, 많은 회사에 지원하면서 분석력도 향상된다면 잘 쓸 수는 있는데, 산업군을 가리지 않고 직무만 맞춘 채로 한 시즌에 100개씩 지원해야 하는 일반적인 문과생에게 시간을 들여 지원동기를 쓰라는 것은 불가능에 가까운 주문이었다.

효율적인 방법을 찾고 있다가 한 가지 생각이 머리를 스치게 되었다. 필자는 좋아하는 회사의 지원동기를 썼을 때 막힘없이 술술 서술했던 경험이 있었다. 그 회사가 바로 LG화학이었다. 대학교 2학년과 3학년 때 재무관리와 혁신과 변화관리라는 수업에서 LG화학을 주제로 PT발표를 한 적이 있었고, 덕분에 오래전 일임에도 불구하고 2차전지와 LG화학에 꽂혀버렸다. 당시 LG화학의 서류는 광탈했지만, 지원동기를 쓸 때 20분도 채 지나지 않아서 술술 완성했던 기억이 있다.

왜 잘 써졌을까? 당연히 그 회사에 관심이 있어서였다. 그런데, 왜 관심이 생겼을까? 해당 회사와 제품, 그리고 속해있는 산업, 그리고 그 회사가 그리는 미래 비전을 모두 꿰뚫고 공감해서였으며, 그 비전이 내 가치관과 맞닿아 있다고 느꼈기 때문이었다. 그래서 필자가 당시에 가장 좋아했던 기업은 LG화학이 될 수 있었으며, 내 가치관과 부합하니 그 회사를 좋아하는 이유를 쉽게 설명해낼 수 있었다.

여기까지 생각이 미치고 난 후, 지난 여러 자소서들을 다시 돌아보니 느껴지는 것이 있었다. 쉽게 써졌던 지원동기는 모두 '내 가치관'에서 글이 시작되었으며, 우연찮게 그 가치관이 해당 회사에 잘 들어맞아질 때 지원동기들이 쓱쓱 써졌던 것이다. 특히 '내 가치관'이다보니 그것에 대해서는 다른 사람보다 조금 더 자신이 있었고, 그 관점에 적합한 회사면 더 가고 싶다고 조바심을 내며 즐겁게 지원동기를 서술할 수 있었다. 그렇다면 필자가 추구하는 '지원동기 빨리 쓰기'를 위해서 한번 접근방식을 거꾸로 가져가보는 것은 어떨까? 다음 단계를 밟아보자.

STEP 1_ 회사의 정보 중에 내 가치관과 직업관에 부합하는 것만 취하자.

우선 회사의 정보들은 상장사냐 비상장사냐에 따라 정보량의 차이가 크다. 간단히 말해서 상장사는 정보가 많아서 어떤 것이 적합한지 몰라서 문제일 때가 많고, 반면에 비상장사는 정보가 너무 부족하다보니 어떤 것을 적어야 할지 몰라서 문제일 때가 많다. 그런데 내가 먼저 어떤 것을 볼지를 정해놓고, 그것만 검색해서 취한다고 가정해보면 어떨까? 무엇을 봐야 할지가 정해져있으니, 정보가 많든 적든 일단 내가 자기소개서 지원동기에 쓸 정보는 모을 수 있다. 그리고 그것에 대해서 평소에 많이 생각하고 공부했던 소재라면 훨씬 더 자신감을 갖고 쓰게 되지 않겠는가?

그리고 공개된 회사의 정보들은 외부정보에 불과하기 때문에 잘못된 정보로 자기소개서를 쓰게 될 가능성도 배제할 수는 없으며, 대부분 고만고만한 내용이 많아서 남들과 차별성을 가져가기도 힘들다. 하지만 내가 확신을 갖고 공부한 가치관과 직업관이라면 내가 아는 것이 많은 만큼 그런 위험성이 덜해진다.

STEP 2_ 그러기 위해서 우선 가치관과 기업관, 직업관을 정립하자.

이렇기 위해서는 일단 내가 어떤 가치관을 가지고 살고 있는지, 그리고 어떠한 기업관에 의해 기업들을 선택하는지를 정립하고 공부하는 것이 필요하다. 물론 이 과정은 아주 지난한 과정이다. 나를 직시하고, 내 생각을 바라보는 일은 생각보다 어렵다. 다음은 기업관과 직업관을 정립하는 데 고려해야 할 요소들을 간단하게 정리해보았다. 여기에 소개하는 요소들 말고도 많은 기업관과 직업관이 있기 때문에 더 많은 생각을 해보는 것도 좋다.

❶ 성장성(기업, 산업의 성장성 등)
❷ 안정성
❸ 인재관
❹ 사회기여도
❺ 기업문화(인재중시, 정의로움, 헌신)
❻ 회사의 미션, 비전, 핵심가치
❼ 기업복지, 급여 수준 등
❽ 회사의 특이한 방향성(영업 중시, R&D 추구, 수출 중시)
❾ 내 가치관에 맞는 산업군에 속해 있는지 여부 등

고려 요소들을 보면 정말 다양한 패턴으로 가치관과 기업관이 나올 수 있다는 것을 알 수 있다. 특히 성장성과 안정성은 매우 많은 Factor들이 존재하여 어떤 Factor들을 써서 접근하느냐에 따라 글이 천차만별로 달라질 수 있어 Factor에 대해 자세하게 공부한다면 남들과 다른 Edge있는 자소서를 쓸 수 있다. 이 Factor들은 다음 챕터에서 설명하겠다.

STEP 3_ 회사가 그 가치관과 기업관을 가지고 있는지를 빠르게 찾아본다.

이제 내 가치관과 기업관을 정하고, 그것에 대해 고민을 하거나 아니면 공부를 통해서 어느 정도 자신만의 언어로 풀어놓을 수 있는 수준이 되었다고 생각해보자. 이제 해당 회사가 내가 추구하는 가치관과 기업관을 가지고 있는지 없는지를 빠르게 확인해본다. 본인이 공부가 충실한 상황이라면 그 상황을 확인하는 게 결코 어렵진 않을 것이다. 여러분은 목적 없이 서칭하고 분석했기에 시간이 오래 걸린 것이다. 내가 가야할 목적이 명확하면 서칭하는 시간은 줄어든다.

다만 주의할 점은 항상 모든 것은 경쟁사 대비로 생각해야 한다는 점이다. 예를 들어 부채비율이 내가 생각하는 안정성 Factor 중 하나라고 가정해보자.

A라는 회사의 자기소개서를 서술하는데 검색해보니 부채비율 3개년도 평균이 140% 정도였다. 네이버에서 검색해보니 제조업 회사들은 부채비율 평균이 200% 이하면 안전하다고 한다. 그렇다고 자기소개서에 바로 쓰는 것이 아니라 그전에 경쟁사의 부채비율도 확인해야 한다. B회사는 3개년 평균이 120%, C회사는 95%였다. 그러면 쓰지 못하는 것이다. 만약 자소서에 '140%의 부채비율로 안전하며~'라고 써버렸을 때, 산업군의 수준을 아는 실무자가 본다면 이 지원자는 아무것도 모른다고 생각할 수밖에 없다.

이런 주의점 역시 본인이 해당하는 가치관과 직업관을 충분히 고민하며 공부했다면 스스로 깨닫게 될 것이다. 어쩌면 그 특정한 분야에 대해서는 누구보다 전문가가 되는 것, 그것이 필자가 원하는 지원동기 쓰는 방향성이다.

STEP 4_ 내 가치관이나 기업관을 충분히 서론부에 풀어내고 본론부터 회사이야기를 서술한다.

가치관과 기업관을 검색해서 해당 회사에 적합하다는 것을 알아낸 상황이라고 가정해보자. 그러면 이제 직접 서술에 들어가야 하는데, 우리는 지원동기조차도 역시 '복사+붙여넣기'가 가능한 구조를 만드는 것을 추구해야 한다.

우선 글은 서론부에 내 가치관이나 기업관을 풀어내는 것부터 시작된다. 나에게 그것이 왜 중요하며, 그것을 가진 기업들을 어떻게 바라보고 있는지 이런 내용을 서술해야 한다. 그래야 단순히 회사를 칭찬하는 글을 넘어서서, 진정성 있는 지원동기를 만들 수 있는 것이다.

1. 글자 수 : 686자/700자
2. 컨셉 : 인재를 키우는 가치관을 가진 회사
3. 쓸 수 있는 곳 : 인재관이 뚜렷한 회사(기사/잡플래닛 등 확인)

[신뢰받는 직원이 고객에게 신뢰를 준다]

제가 존경하는 사람 중 독립운동가 이회영 선생님이 있습니다. 일제시대 이전 조선의 손꼽히는 부자였는데, 일제 치하 신흥무관학교를 짓기 위해 자신의 전 재산을 투자했던 분입니다. 그리고 그 학교는 우리나라 독립의 마중물이 되었다고 생각하고 있습니다. 망국이었지만, 인재가 만들어져 나라를 되찾았듯, 어느 조직에서든 사람이 가장 중요한 요소라고 생각하고 있습니다. 따라서 저는 인재를 소중히 여기는 회사가 향후에도 크게 성장할 회사라고 믿고 있습니다.

○○는 **인재를 중시하는 회사**로 알고 있습니다. ○○창업주께서 무료 기숙 고등학교를 설립하시며 지역 인재를 키우는 데 앞장서셨으며, 2대 ○○회장께서도 대학교에 여러 차례 기부하고, 장학금을 신설하셨습니다. 회사 역시 다양한 복지정책과 직원을 위한 여러 행사를 기획하면서 많은 직원들이 회사를 사랑하게 만들고 있으며, 특히 회사가 어려웠던 순간에도 구조조정 한번 없었던 점이 인상적이었습니다. 이 때문에 **회사 평가 사이트**에서 직원들의 평가 역시 3.7점으로 아주 높은 수준이며, 애정이 묻어나는 평가들을 많이 발견할 수 있었습니다.

이러한 경영철학을 가진 ○○에서 제 가치관을 끝까지 잃지 않고 행복하게 일해 나가고 싶습니다. 다양한 경험을 통해 얻은 커뮤니케이션 역량과 포기하지 않는 끈기를 바탕으로 영업인으로서 고객사로부터 신뢰를 얻고 영업망을 확장시켜 매출 상승에 기여하는 인재가 되겠습니다.

이 글을 보면, '인재를 키우는 가치관을 가진 회사'라는 본인의 확고한 기업관이 있고, 그를 서술하기 위해 서론부에 자신이 그것을 가지게 된 계기를 서술했다. 충분히 자신의 이야기가 들어가고, 그것을 통해 회사의 장점과 연결 지은 것이다. 그리고 본인이 이 부분에 대해 깊게 생각했기 때문에 회사의 교육체계, 복지정책, 그리고 회사 평가 사이트(잡플래닛, 캐치, 블라인드 등)에서의 점수나 리뷰를 검색해서 바로 회사가 인재를 중시하는 점을 증명해냈다.

처음에는 본인의 가치관과 기업관을 설정하는 데 분명 시간이 많이 필요할 것이다. 하지만 그 세팅 과정이 끝난다면, 누구보다 빠르게 글을 서술할 수 있을 것이라 자신한다.

지원동기 작성 꿀팁

❶ 본인의 가치관, 기업관 몇 개를 정립해 놓은 후, 자소서를 써야 할 회사가 그것에 해당하는지를 빠르게 검색해본다. 가치관과 기업관이 확고하고, 그것에 대한 공부가 깊어질수록 글은 점점 고도화된다.
❷ 지원동기는 서론부와 결론부 혹은 서론부를 다른 회사에도 '복사+붙여넣기' 할 수 있게 구조를 짜고, 본론만 바꾸면서 지원동기를 작성하여 효율을 상승시켜라.

Chapter 03 사골 우리듯, 성장성 관점으로 접근하기

가장 많은 취업준비생들이 지원동기에 접근하는 방식이 바로 성장성 관점이다. 여러 이유가 있겠지만, 우선 다양한 Factor들이 있어 접근하기 쉽기도 하고, 본인의 열정이나 추진력 등과 엮기에 알맞기 때문이 아닐까 한다. 보통은 해당 회사가 성장성이 있기에 지원한다고 언급하고 다양한 패턴으로 그에 대한 증명을 해낸다. 예를 들어 새로운 제품이 계속 나오고 있거나, 점유율이 증가하는 것을 확인하는 방식인데, 그런 부분은 작성 당시에 검색을 통해서 뉴스, 기사를 보며 찾아볼 수 있다.

따라서 이런 성장성 관점에 대해서는 여러 Factor와 패턴들을 정리해 놓는다면 아주 유용하게 서술할 수 있다. 그리고 그 여러 Factor 중에서 본인의 가치관이나 기업관에 아주 적합한 3~4개 정도를 중점적으로 꼽아서 공부하는 것이 중요하다. 공부가 끝난 후, 앞서 말한 것처럼 지원하는 회사가 본인이 미리 준비해 놓은 Factor에 해당하는지 여부를 빠르게 스캔한 후, 이에 부합한다면 바로 성장성을 지원동기에 녹일 수 있는 것이다.

다양한 성장성의 Factor에 대해서는 다음 분석법을 통해 하나씩 알아보도록 하자.

분류	순서	Factor	확인 방법
회사	1	높은 매출 성장성	① 3개년, 5개년 매출액 증가율 ② 주력/특정 사업부의 매출액 증가율
	2	높은 영업이익 성장성	① 3개년, 5개년 영업이익 증가율 ② 주력/특정 사업부의 영업이익 증가율
	3	끊임없이 투자가 지속되고 있거나 투자가 지속될 가능성	① 투자액 확인(기계, 공장, IT비용 등) ② 자본잉여금 확인(안정적인 투자) ③ M&A 진행 및 가능성 여부 등 ④ 그룹/회사의 투자정책 확인 등 ⑤ 경쟁사 대비 높은 R&D 비중/규모 ⑥ 높은 EBITDA율(투자가 한창이라는 뜻)
	4	(라이징 기업/대형 투자가 필요한 회사인 경우) 대형 투자 여부, 상장 성공 여부 등	① VC, 혹은 유명 기업의 대형 투자 ② 상장 후 주식 급등 여부 ③ 선도사와의 공동개발, 공동연구 투자 ④ (스타트업의 경우) 시리즈A, B 투자 여부 및 규모 ⑤ (스타트업) 창업자의 비전, 의지
	5	사업다각화	① 그룹/기업 내 영위하고 있는 산업군의 개수 등 ② 타 산업군 회사 M&A
	6	(B2B) 주요 고객사의 성장성	① 고객사의 매출 증가세, 유통채널 다변화, 신제품 성장 등 ② 주요 고객사와 계약 규모 증가
	7	(B2B) 대형 고객사로 확장, 거래처 경쟁력 및 다변화	① 대형 고객사로 확장 ② 거래처의 브랜드 파워/매출성장 등 ③ 고객사 수의 증가 ④ Captive 매출 비중 감소 ⑤ 장기계약 체결 여부
	8	(B2C) 유통채널의 다각화	① 유통채널의 순증 ② 온라인 비중 및 온라인 매출 증가 ③ 대형 온, 오프라인 유통 플랫폼에 입점

분류	순서	Factor	확인 방법
회사	9	시장점유율/시장지위	① 5개년간 시장점유율 추이 　• 시장점유율 증가=성장성 있음 　• 변화가 없더라도 시장 자체가 커지면 성장성 있음 ② 높은 시장점유율 　- 시장 선점으로 향후 더 큰 성장 기대 ③ 내수시장 점유율/해외시장 점유율 ④ (B2C) 브랜드 파워, 브랜드 고객 인지
		고객의 신뢰를 받을 수 있는 상황을 갖춤	① 안정적인 재무제표 ② 고객사와의 긴 신뢰관계
	10	해외진출	① 해외진출 국가 수 ② 국가 수의 변화(5개년) ③ 해외매출의 전체매출 대비 기여도 ④ 진출국의 경제성장 ⑤ 해외지사의 이익률, 이익규모 등
	11	그룹 내 시너지	① 그룹 내 수직계열화가 이뤄진 가운데 그 일부인 기업 ② 새로운 시너지를 창출 가능한 회사가 그룹 내 존재하는 경우(예: 웹툰, 영화사)
	12	(특히 B2B) 생산효율성	① 단일 공장 여부, 공정 효율화 ② 공정 기술 보유 ③ 불량률 등
	13	DT에 대한 빠른 전환	① 신규 IT 시스템 도입 ② 기존업무의 IT화, Data화
	14	ESG/CSR	① ESG에 대한 관심도 및 성과 ② ESG 인증 ③ CSR 성과 및 CSR 지원
산업	15	고부가 가치를 창출할 수 있는 '산업'에 속해 있는지의 여부	① 산업 특성 확인 ② 제품/서비스당 영업이익률 확인

분류	순서	Factor	확인 방법
산업	16	트렌드에 올라탄 산업/회사	① 사회적/경제적으로 사람들이 중요하게 생각하고 있는 제품/서비스군 영위 – 2차전지, 4차산업, AI, 핀테크 등 ② 국가 정책적 지원 ③ 선진국의 해당 산업 성장 상황과 비교
	17	정부정책의 변화	① 회사/산업에 우호적인 정책 시행 ② 규제 해소 ③ 정부의 통제하에 있는 라이센스 사업
	18	산업군의 등고등락, 산업군의 변화, 산업군의 성장	① 산업군이 호황기에 접어든 상황 ② 산업군의 불황기가 끝나갈 것이라 예상 ③ M/S는 변하지 않지만 산업군의 전체 크기가 성장하는 경우
제품/서비스	19	제품/서비스의 혁신성	① R&D 비중, R&D 규모 ② 기존과 다른 방식의 제품/서비스 ③ (1위 기업) 기술력의 현격한 차이 ④ 대체재(경쟁사) 대비 우위요소/차별화 전략
	20	제품/서비스의 시장장악력	① 대체재 및 보완재가 없거나 적음 ② 교섭력 우위 제품/서비스
	21	신제품/신사업	① 신제품/신사업의 매출 기여도(5년 성장성 등) ② 신제품/신사업의 개수 ③ 신제품/신사업의 혁신성, 성공가능성
	22	플랫폼 소유	① 플랫폼의 M/S ② 플랫폼의 확장 가능성

다른 무엇인가가 더 있을 수도 있지만, 위에서 서술한 Factor들이면 일단 성장성에 관해서 언급할 수 있는 대부분의 내용이 다 들어가 있다고 보면 된다. 이 말인즉슨, 정말로 성장성이 있는 회사라면, 이 Factor 내에 해당하는 것이 2~3개는 확실히 있을 것이라는 이야기이다. 만약 이리 살펴보고, 저리 살펴봐도 해당되는 것이 없다면, 그 회사는 성장성이 없는 회사이니 지원동기 컨셉을 성장성으로 잡지 않는 것이 좋다.

성장성이 있는 회사를 가고 싶다면, 우선 본인이 왜 성장성을 중요하게 생각하는지를 먼저 진솔하게 작성한 후 Factor들 중 2~3가지를 빠르게 체크하여 서술하면 된다. 그렇게 된다면 최소 두세 가지 관점에서 회사의 성장성을 바라보기에 논리도 탄탄해지고, 본인이 어떤 것에 대해 쓰려는 목적성이 분명해지기 때문에 자료 검색이나 재무제표 계산 등에 있어서 스피드도 개선되어, 빠르게 지원동기를 작성할 수 있는 것이다.

다음 예시를 보면서 초반부 Bridge 문장의 접근법이나 성장성 Factor의 실제 활용에 대해서 살펴보도록 하자.

1. **글자수** : 699자/700자
2. **컨셉** : 성장성을 가진 회사(해외 진출 국가의 수, 매출 증가 + Captive 매출 비중 감소
3. **쓸 수 있는 곳** : 성장성이 있는 회사(Factor 변경을 통해 맞춤식으로 찾기)

[꾸준한 성장이 기대되는 ○○]

　회사가 꾸준히 성장하는 것은 내부인원에게는 새로운 기회와 개인의 성장을 가져온다고 생각하고 있습니다. 그렇기에 저는 기업의 성장성을 가장 중요한 가치로 두고 성장하는 기업에 입사하기 위해 노력하고 있습니다. 그리고 ○○는 활발한 해외진출과 함께 그룹 내 매출 비중 감소의 노력을 통해 새로운 성장 전기를 맞이할 것이라고 생각합니다. 이렇게 성장하는 기업에서 빠르게 배우고 제 몫을 다하면서 또 다른 성장을 가져오는 역할을 해내고 싶기에 지원하였습니다.

　○○는 15년도 멕시코 법인을 시작으로 그룹사 진출국 위주로 해외에 진출했던 것으로 알고 있습니다. 하지만 18년도 말레이시아 법인부터 홀로서기를 시작하였으며, 20년 기준 총 8개국에 공장 및 유통망을 보유하고 있습니다. 비용 측면에서나 고객과의 접점 측면에서 볼 때 이러한 해외진출은 향후에도 지속성장의 발판이 되어줄 것이라 생각합니다.

　또한 그룹 외부로 홀로서기를 시작함에 따라 15년도 90%에 달하던 그룹 내 매출은 20년 3분기 기준 63% 수준으로 급격히 감소할 수 있었습니다. 단순히 그룹 일감으로 성장하던 과거와 달리, 이제는 새로운 시장에서 새로운 도전을 하고 있습니다. 동기 매출은 15년 4,800억에서 19년 말 기준으로 6,500억 원으로 대폭 증가했으며, 이는 그룹 외 매출의 증가가 가져온 결과라 생각합니다.

역시 성장성 있는 회사를 지원하는 이유에 대해서 서론에 명기를 했고, 그 이후 Factor 중 2가지를 선택하여 해당 회사의 내용을 분석하였다. 글이 다소 딱딱해 보일 수도 있지만, 이것이 가장 합리적으로 빠르게 지원동기를 작성하는 지름길이며, 이 이상으로 시간을 내어 지원동기를 쓸 필요는 없다는 점을 알아두면 좋겠다.

가장 먼저 할 일은 서론부 Bridge 문장을 작성하고 성장성 Factor에 해당하는 몇 가지를 능숙히 다룰 수 있게 공부하는 일이다. 본인이 끌리고 잘 알 것 같은 Factor들을 먼저 공부한 후에, 해당 회사에 대해서 재빨리 그 부분만 알아보고 지원동기를 서술해보자.

기업분석 꿀팁

❶ 성장성에는 정말 다양한 Factor가 존재한다. 그리고 정말 성장성이 있는 회사라면 그 Factor에 최소 2~3가지는 해당되는 것이 있을 것이다.

❷ Factor 중 몇 가지를 능숙하게 다룰 수 있게 공부한 후, 지원동기를 써야 할 기업이 해당되는지 찾아본다.

❸ 주의해야 할 점은 항상 경쟁사 대비로 생각해야 한다는 것. 그 회사가 매출액이 10%씩 성장했더라도 경쟁사가 20% 성장했다면 쓰기 애매하다. 아니, 쓰면 안 된다.

어떤 관점보다 매력적인
안정성 관점

사실 취업준비생(또는 중고신입) 입장에서 성장성을 버리고 안정성을 지원 동기로 쓰기란 어려울 것이다. 신입이다 보니 열정과 패기가 있기도 하고, 꼭 열정적인 성향이 아니더라도 성장성에 비해 안정성은 고루하다는 인식이 있기 때문에 많은 취준생들이 성장성을 택하게 된다.

하지만 실제로 성장성보다는 안정성을 추구하는 성향이거나 혹은 성장성을 기대하기 힘든 산업군, 회사를 지원할 때에는 안정성 관점을 선택하여 작성할 수 있다.

사실 필자는 취업 컨설팅과 더불어 회사 생활을 경험하면 할수록 안정성의 중요성을 제대로 깨닫고 있다. 코로나19 같은 예측하지 못한 경제적 위기가 사회 전반에 도래하거나, 특정 산업군에 커다란 타격이 오거나, 특정 회사가 투자 실패, 사업 위축 등의 어려움을 겪는 상황인 경우에는 특히 안정성의 중요성을 뼈저리게 느끼기 마련이다. 그리고 안정성이 성장성의 절대 명제는 아니지만, 회사가 성장하기 위해서는 안전성이 탄탄하게 뒷받침된다면 더욱 좋을 것이라 생각한다.

그렇기에 안정성은 가장 기본적인 관점이며, 타 관점으로의 확장에 기반이 되는 매력적인 관점이기도 하다. 정리해보자면, 꼭 안정성 하나만 쓰지 않아도 된다는 뜻이다. 안정성과 성장성 Factor 중 하나씩을 꺼내어 서술하면서 안정성을 기반으로 성장을 가져간다든지, 아니면 성장하고 있는데도 안정성까지 있다는 방식으로도 서술할 수 있다.

안정성 관점 역시 여러 Factor를 가지고 있다. 안정성의 여러 가지 Factor들에 대해서 아래에서 하나씩 알아보자.

〈안정성 Factor 분석법〉

분류	순서	Factor	확인 방법
회사	1	부채비율/유동비율/ 이자보상비율 등 안정성지표	① (경쟁사 대비) 부채비율 수준 ② 5개년간 부채비율 추이 ③ (경쟁사 대비) 5개년간 유동비율 추이 ④ 5개년간 이자보상비율 추이
	2	차입금	① (경쟁사 대비) 차입금의존도, 차입금 Zero, 무차입경영 ② 회사채, IPO, 투자(투자액 확인), 그룹 지원, 주주 유상증자 ③ (경쟁사, 타사 대비) 낮은 은행 이자율 ④ 차입금 중 장기차입금 비중 ⑤ (대규모 시설투자가 필요한 회사) 순차입금/EBITDA
	3	현금 및 현금성자산 보유 (= 투자 가능 자산 확보)	① 이익잉여금 규모 ② (경쟁사 대비) 이익잉여금 수준 ③ 현금 및 현금성자산 규모 ④ (경쟁사 대비) 5개년 EBITDA 추이
	4	업력 및 근속년수	① 긴 업력 ② 긴 근속년수(단, 사무직과 현장직을 분리해서 생각 필요)

분류	순서	Factor	확인 방법
회사	5	(그룹사) 지배구조, 그룹 내부에서의 중요성	① 오너의 지분율, 오너 자녀의 지분율 ② 모사 지분율, 그룹계열사 지분율 ③ 오너 리스크(리스크가 적을수록 안정적) ④ 해당사가 그룹에서 차지하고 있는 비중
	6	(그룹사) 모사의 수준과 지원 가능성, 업무 연관성	① 그룹 규모 ② 모사 및 그룹의 재무 안정성 ③ 그룹계열사와의 Captive 매출 비중 ④ 수직계열화 여부
	7	(신규투자기업의 경우) 적자를 버틸 수 있는 자본력	① 자본잉여금, 자기자본 규모 ② 그룹의 재무구조, 지속적인 지원 여부 ③ 그룹 오너의 의지, 그룹 비전 ④ 외부 투자금액, 외부 투자자 수준/지분 ⑤ IPO 가능성/조달 수준 ⑥ (스타트업) 시리즈 B, C 투자 여부 및 규모
	8	보수적 기조	① 오너의 성향(뉴스 확인) ② 소극적 투자 기조(뉴스 확인) ③ 높은 WACC(내부 확인) ④ 보수적 기업문화(잡플래닛, 블라인드) ⑤ 오너 및 임원진의 나이 ⑥ 산업군의 보수적 기조
	9	다양한 포트폴리오 영위	① (그룹) 다양한 산업군 영위 ② (회사) 다양한 산업군 영위 ③ (회사) 다양한 제품 포트폴리오 보유 　- 해당 산업군/제품의 불황 시기가 다를수록 안정적
	10	지역다각화	① 지역별 판매/생산체계 보유 ② 수출 국가 수 ③ 생산공장 보유국의 정치적 이슈 여부
	11	(B2C) 유통채널 다각화 (성장성, 안정성 양쪽 관점)	① 유통채널의 순증 ② 온라인 비중 및 온라인 매출 증가 ③ 대형 온, 오프라인 유통 플랫폼에 입점

분류	순서	Factor	확인 방법
회사	12	(B2B) 대형 고객사로 확장, 거래처 경쟁력 및 다변화 (성장성, 안정성 양쪽 관점)	① 대형 고객사로 확장 ② 거래처의 브랜드 파워/매출성장 등 ③ 고객사 수의 증가 ④ Captive 매출 비중 감소 ⑤ 장기계약 체결 여부
	13	(수주산업의 경우) 수주잔량	① (경쟁사 대비) 수주잔량/매출액 5개년 추이
	14	원활한 소재/부품 공급 가능	① 소재/부품 공급망 수 ② 고객사 수의 증가 ③ Captive 매출 비중 감소
산업	15	트렌드에 올라탄 산업/회사 (성장성, 안정성 양쪽 관점)	① 사회적/경제적으로 사람들이 중요하게 생각하고 있는 제품/서비스군 영위 　– 장기간 예상되는 트렌드일수록 안정적 ② 국가 정책적 지원 ③ 선진국의 해당 산업 성장 상황과 비교
	16	시장점유율/시장지위	① 독점, 독과점, 반독점 여부 　– 이런 현상이 오래되었을수록 안정적 ② 5개년간 시장점유율 추이 　– 시장점유율 변화가 없을수록 안정적 ③ 높은 시장점유율 ④ 내수시장 점유율/해외시장 점유율 ⑤ (B2C) 브랜드 파워, 브랜드 고객 인지
	17	경쟁사 및 대체재	① 기간산업 ② 기술적, 자본적 문제로 높은 진입장벽 ③ 5개년간 시장점유율 변화 　– 변화 無 : 경쟁사가 고정되어 있음 ④ 경쟁사와의 기술/자금력 격차 존재 ⑤ 대체재가 없거나 기술격차 존재 ⑥ 라이센스 사업
	18	해외기업의 국내 직접 진출이 어려운 산업	① 해외기업이 진출하기에 경제, 정치, 문화, 지리적 제약이 있는 산업 ② 공장 등이 있어야 해당 나라에 진출 가능한 산업

분류	순서	Factor	확인 방법
산업	19	(B2B의 경우) 다양한 전방산업	① 고객 산업군 수 ② 전방 교섭력(추가로 후방 교섭력) – 소재 가격 상승 전가 가능 여부 등
	20	호황/불황기 파악	① 해당 산업의 현시점 수요/공급 수준 ② 산업/제품 수명주기 파악
	21	안정적인 수요	① 제품/서비스의 낮은 경기민감도 ② 안정적인 수요패턴(예: 통신, 구독 등)
	22	중국 영향	① 중국의 해당 산업 본격 진출 여부 ② 중국 정부 정책

일단 안정성에 관해 언급할 수 있는 대부분의 내용이 위의 표에 다 들어가 있다고 보면 된다. 좀 특이한 것은 22번의 중국 영향일 것 같다. 왜 굳이 국가 하나를 별도로 분류해놨을까 생각할 수 있는데, 일반 산업에서 중국이 갖는 영향력은 정말 어마어마하다. 일단 우리나라는 바로 인접국으로 수출 및 수입에서 막대한 영향을 받기에, 산업의 안정성을 말할 때 중국의 영향력을 빼놓을 수 없다.

어쨌든, 회사가 정말로 안정성이 있는 회사라면 위 Factor 내에 해당하는 것이 2~3개 이상 분명이 있을 것이다. 앞서 'Chapter 3'의 성장성에서 서술한 것과 같이 우선 "본인이 왜 안정성을 중요하게 생각하는지"를 먼저 서술한 후, 위 Factor들 중 2~3가지를 빠르게 체크하여 서술하면 된다. 위의 11, 12, 15번을 보면 알겠지만 같은 Factor일지라도 내가 성장성으로 바라보느냐 안정성으로 바라보느냐에 따라 양쪽 관점 전부 다 사용 가능한 것도 있다. 자신이 어떤 회사를 가고 싶고, 왜 가고 싶은지 그 이유를 잘 정립해 놓고 난 후 회사를 바라본다면, 같은 지표를 보고도 다르게 해석할 수 있다는 뜻이다. 그러므로 본인의 생각을 먼저 잘 정립해 놓자. 그것이 시작이다.

아래 예시 자료를 보면서 초반부 Bridge 문장의 접근법이나 안정성 Factor의 실제 활용에 대해서 살펴보도록 하자.

안정성 Factor를 활용한 지원동기 예시

1. 글자 수 : 745자/800자
2. 컨셉 : 안정성을 가진 회사(부채비율, 기간산업, 시장점유율)
3. 쓸 수 있는 곳 : 안정성이 있는 회사(Factor 변경을 통해 맞춤식으로 찾기)

[지나온 시간보다 더 단단해질 ○○]

지난 26년간 한 회사에서 지내오신 아버지께서 제가 취업준비에 돌입하던 시점에 처음으로 회사에 대한 이야기를 해주셨습니다. "회사를 다니며 싫었던 적도, 힘들었던 적도 있지만 그래도 굳건히 회사가 커나갔기에 가정을 지킬 수 있었다"는 말에, 감사한 마음도 들었지만 한편으로 저 역시 안정적인 회사에 들어가고 싶다는 생각이 더욱 굳어지게 되었습니다. 그래서 취업준비를 해오는 동안, 기업의 안정성을 최우선으로 삼아 지원했으며, ○○은 다음 두 가지 측면에서 그 기준에 부합하였습니다.

첫 번째, 업계 내에서도 가장 안정적인 수준의 부채비율과 유동비율로 재무안정성이 가장 뛰어나기 때문입니다. 특히 부채비율은, 20년 기준 업계 평균 부채비율 145% 대비 84% 수준으로 두 번째에 위치하고 있습니다. 그리고 16년 110%에서 5년간 꾸준히 부채비율을 감소시켜 온 것을 보면서 재무안정성을 중요하게 생각하고 있다는 것을 느낄 수 있었습니다.

두 번째, 기간산업으로 진입장벽이 아주 높아 신규 회사가 진출하기 힘들며, 이 때문에 6개 회사의 국내 점유율이 안정적으로 유지되고 있기 때문입니다. 특히 ○○은 그중에서도 지속적인 개발이 이뤄지는 경기도 남부와 영남권 중심으로 M/S 기준 3위 수준을 점유하고 있습니다. 지난 10년간 유지되어온 M/S와 이를 바탕으로 차근히 쌓아온 이익잉여금은 다음 10년, 다음 20년을 버티게 만드는 체력이 되어줄 것입니다.

먼저 안정성이 있는 회사를 지원하는 '나만의 이유'에 대해서 서론에 명기했으며, 그 이후 부분에서는 Factor들 중 부채비율과 기간산업으로 시장점유율을 가지고 있는 회사였기 때문에 그를 명시해서 서술한 것이다. 부채비율은 특히 항상 경쟁사 대비로, 만약 경쟁사가 너무 많다면 순위가 비슷한 회사 대여섯 개를 평균을 내서 써도 된다.

성장성과 마찬가지로 안정성도 서론에 Bridge 문장만 작성해 놓으면 훨씬 편하다. 그리고 성장성과 안정성 중 하나만 가져가기보다는 둘 다 익숙해져서 안정성 있는 회사에는 안정성으로, 성장성 있는 회사에는 성장성으로 쓰는 것이다. 물론 성장성과 안정성만이 전부는 아니므로 기업 문화, 여성을 우대하는 문화 등 다른 관점들도 챙겨 놓으면 좋다. 다만 안정성과 성장성이 가장 접근이 쉽다는 점 때문에 이렇게 Factor를 분석해봤을 뿐이다.

기업분석 꿀팁

❶ 안정성에도 정말 다양한 Factor가 존재한다. 그리고 정말 안정성이 있는 회사라면 그 Factor에 최소 2~3가지는 해당되는 것이 있을 것이다.

❷ Factor 중 몇 가지를 능숙하게 다룰 수 있게 공부한 후, 지원동기를 써야 할 기업이 해당되는지 찾아본다. 성장성이나 안정성이 가장 접근하기 쉬운데, 다른 부분도 이렇게 Factor들을 생각해놓고 그 부분만 찾아서 지원동기를 써보자.

❸ 역시 주의해야 할 점은 항상 경쟁사 대비로 생각해야 한다는 것이다. 그 회사가 부채비율이 100% 이하로 안정적이라도 경쟁사의 부채비율이 더 낮다면 작성하기 애매하다.

나와 회사의 접점, 이 수준으로 쓰기

지원동기를 쓰는 방법은 여러 가지인데, 가장 좋은 것은 지원자와 회사의 접점을 서술하는 방식이다. 앞서 소개한 성장성, 안정성 등의 방법으로 서술하는 것은 지원동기를 빨리 쓰기 위한 방법이라 아무래도 회사에 맞춰 글을 서술한다는 느낌을 줄 수밖에 없다. 서류를 검토하는 인사팀들은 뉴스를 검색해서 알게 된 내용들로 회사를 칭찬하는 비슷한 내용의 지원동기를 많이 읽어왔기 때문에, 본인의 스토리텔링이 가미된 생생한 이야기를 보면 확 끌림을 받기 마련이다.

그런데 그 지원자와 회사와의 접점이 너무 뻔하거나, 거짓말이거나, 거짓까지는 아니더라도 과장해서 쓰는 경우가 너무 많기에 문제가 발생한다. 분명 그 시절에는 그렇게 생각하지 않았던 일들을 취업준비생 시절인 지금에 와서 거짓으로 서술하거나, 아니면 정말 작은 일에 불과했던 것을 현재 시점에 와서 의미를 부여하며 쓰기 때문에 일어나는 참사일 것이다.

빙그레의 지원동기로 '어렸을 적 목욕탕에서 목욕을 끝마치고 먹었던 바나나 우유와의 추억', 넥슨의 지원동기로 '던전앤파이터를 하며 온라인으로 친구들을 만났던 이야기', 현대자동차 지원동기로 '크로아티아 자그레브에서 본 현대자동차의 대형 광고판에 감동을 느꼈던 때' 등의 예시는 쓰면 안 된다. 너무 식상하기도 하고, 누구든 경험할 수 있는 일을 지금 와서 인상 깊었던 것처럼 쓰는 일은 자제해야 한다. 우리가 쓰는 것은 소설이 아니다. 자기소개서에는 본인의 이야기, 본인의 가치관을 써야 한다.

대부분의 상황에서 회사와의 접점을 서술하는 것은 실패할 확률이 높다. 정말로 내 인생을 뒤바꾼 경험이 있다면, 그리고 그 경험을 서술하면서 상대를 동질감의 영역으로 끌어올 수 있을 만큼 잘 쓸 수 있다면 모르겠지만, 그런 수준이 아니라면 회사와 나의 접점으로 지원동기를 쓰지 않는 게 낫다. 그리고 그 접점을 통해서 내가 그 회사를 가고 싶은 이유가 명확히 드러나게 써야 한다. 즉, '가치관'이나 '기업관'이 서술되어야 한다는 말이다. 단순히 기업과의 이야기로 끝나면 안 된다. 단지 경험은 경험으로만 활용하고, 그 글 속에서 내가 가고 싶은 회사가 어떤 곳인지가 진하게 느껴져야 한다는 말이다. 다음 예시를 한번 살펴보자.

1. **글자 수** : 685자/700자
2. **컨셉** : 인간에 대한 존중이 있는 회사
3. **쓸 수 있는 곳** : 나와 접점이 있는 회사(○○기업 건설현장에서 현장소장과의 일화)

[하나를 보면 열을 알게 된다]

대학교 1학년을 마치고 군대를 가기 전에 일입니다. 제가 앞으로 몸담을 토목공사 현장을 미리 알고 싶었고, 또 복학 이후의 학비를 벌어놓고 싶어 반포 ○○ 건설현장에서 6개월간 막노동을 했던 적이 있습니다. 저는 당시 현장소장님께서 저희들을 대하는 모습을 보며, 그 이후로 쭉 ○○ 입사를 꿈꿔 왔습니다.

엄청나게 무더웠던, 7월 말의 하루였습니다. 오전 공사를 끝내고 점심을 먹은 후 공사현장의 그늘막에서 저를 포함한 인부들이 쉬고 있을 때였습니다. 그때 현장을 점검하고 내려오시던 현장소장님이 그늘막으로 오셨고, 뒤이어 미안한 표정으로 저희에게 얘기하셨습니다. "너무 더우시죠? 아직 전기 배선이 들어오지 못했지만, 곧 들어오고 나면 커다란 선풍기들을 설치해서 더위를 조금이나마 잊게 해드리겠습니다. 더운데 정말 고생 많습니다." 그러고는 꾸벅 인사하셨습니다. 저희는 하청업체의 일꾼일 뿐이었는데, 아버지뻘 되시는 소장님께서 그리 정중히 대해주셨습니다. 그렇다면, 과연 ○○ 내부 인원들은 얼마나 서로를 존중하고 존중받을까, 그런 생각을 쭉 해왔습니다.

취업준비생인 지금 시점에서, 제가 꿈꾸는 이상적인 회사는 직원이 존중받는 회사입니다. 21살이던 7년 전, 제가 공사현장에서 느꼈던 감동처럼, ○○에 입사해서 누군가에게 그런 감동을 주는 존재가 되겠습니다. 꼭 함께 하고 싶습니다.

해당 지원동기를 썼던 친구는 토목공학과 학생이었고, 현장을 경험하던 와중에 건설사 현장소장과의 접점이 생겼던 경우이다. 그리고 진짜로 진한 감동을 느꼈었기에 그 감동을 서술하려고 노력했다. 특히 반포 ○○ 현장은 그 회사에서도 아주 중요한 현장이었기 때문에 현장소장이 전무급으로 높은 임원이었다. 그래서 더욱더 그 회사를 좋게 볼 수 있었고, 취업을 준비하는 내내 가장 가고 싶은 회사라고 말해왔다. 즉, 그때의 경험과 그때 느낀 감정들이 거짓말이 아니란 얘기이다.

지원동기에 회사와 자신과의 접점을 쓰고 싶다면, 저 정도 수준은 되어야 한다. 그리고 글을 읽으면 느껴지겠지만, 내가 어떤 회사를 가고 싶은지에 대한 스토리텔링을 도중에 느낄 수 있도록 구성해 놓았다.

필자는 항상 '솔직함'을 강조한다. 자신만의 진짜 스토리, 진짜 이야기를 써야 한다. 그 경험이 남이 보기에 작든, 별거 아니라고 느껴지든, 내게 중요했던 경험, 나의 삶이나 가치관을 뒤흔든 경험이면 그것을 쓰는 것이 옳다. 너무 큰 경험이 아니라도 괜찮다. 내가 얻고 배우고 느낀 것이 중요하다.

지원동기 역시 그렇다. 글을 읽는 상대로 하여금 동질감을 느끼게 하고, 나와 같은 곳을 바라보게 만들기 위해서는 내가 느낀 것이 진짜여야 하며, 그것을 진솔하게 서술해서 상대의 고개를 끄덕이게 만들어야 한다. 그것이 자기소개서의 본질이라고 생각한다. 물론 자기소개서뿐만 아니라 면접 과정에서도 매우 중요한, 인간관계의 본질이기도 하다.

이제까지 본인이 당시에 느끼지도 못했던 것을 억지로 엮고 지어내서 지원동기를 작성했다면 그것을 그만두어야 한다. 차라리 다소 딱딱할지라도 앞서 언급한 성장성, 안정성 같은 것을 강조했으면 한다. 내가 진짜 접점이 있어서 술술 써내려갈 수 있는 그런 회사만, 접점을 활용하여 지원동기를 쓰자. 그렇게 인사담당자를 감동시켜라. 그것이 진짜 지원동기이다.

회사와의 접점 찾기 꿀팁

❶ 나와 회사의 접점은 억지로 만들어내거나 현재 시점에서 쥐어짜내 만드는 것이 결코 아니다. 진짜 그 회사 또는 그 회사의 제품으로 인하여 나의 가치관이 변했거나 삶이 바뀌었던 경험이 있다면, 그것이 아무리 작은 경험이라도 진솔하게 서술해보는 것이다.

❷ 경험은 소재로만 활용해야 하며, 결국은 내가 회사를 선택한 이유가 드러나야 한다. 그냥 '그 회사랑 엮인 경험이 있어서'로 끝나버리는 글이라면 그것은 지원동기로 적합하지 않다.

PART

03

직무적합성, 이렇게
작성하면 신입사원

누가 봐도 뽑고 싶은
인문계 자소서

합격하고 싶다면,
이제는 직무분석부터

처음 취업을 접하게 되는 취업준비생들에게 직무는 생소한 영역일 수 있다. 광고홍보학이나 물류학 같은 특수 학과라면 물론 충분히 회사에 대한 정보와 어떤 일을 하게 될지에 대한 정보를 얻었을 수 있겠지만, 대다수의 취업준비생들은 일반적인 회사의 일반 직무를 하게 될 가능성이 높다. 따라서 영업직은 정확히 어떤 일을 하는지, 기획은 무엇을 하고, 총무라는 직무는 왜 어떤 회사에 없는지, 경영지원이라는 것은 뭘 지원하는 것인지 이런 궁금증들을 갖게 된다.

특히 회사의 크기와 산업군, 그리고 회사가 처한 상황에 따라서 각 직무의 R&R(Role&Responsibility)이 조금씩 차이나기 때문에 완벽히 직무를 공부하기란 어려운 일이다. 그래서 여러 회사에서 낸 각각의 공고들을 볼 때 마다 혼란을 느끼곤 한다.

예를 들어 기획 직무만 하더라도 아래 표처럼 다양하게 분류될 수 있으며, 이러한 세부분류 역시 또 모든 회사에 동일하게 적용되는 것도 아니다. 어떤 회사는 해당 직무가 있기도 하고, 없을 수도 있으며, 어떤 회사에서는 중요하게 생각하고, 또 어떤 회사에서는 중요도가 떨어지는 직무일 수도 있다.

〈기획 직무 분류〉

직무명	주요업무	상세설명
경영기획	경영계획, 성과분석, KPI관리, 관리회계, 회의체관리, 예산관리	거의 모든 회사에 다 있으며, 팀명은 경영기획, 기획조정, 경영관리 등 다양하다. 일반적으로 말하는 '기획팀'은 보통 경영기획팀을 지칭한다.
전략기획	중장기 경영계획, M&A, 신규사업검토, 관리회계	경영기획과 비슷하나, 회사의 중장기적 전략을 설정하는 역할에 치중한다. 초대기업이나 지주회사 말고는 많지 않다.
사업기획	해당 본부/사업 관련 예산관리, 사업전략, 신규 사업 검토 등 각 산업이나 회사 및 본부 사정에 맞춰 R&R은 다양하다.	조직체계가 '사업별 조직'일 경우, 해당 사업본부 등에서 본부 기획 업무를 담당하는 직무이다. 통상 해당 산업에 맞는 전공자를 원하는 경우가 많다.
영업기획/생산기획	해당 직무 관련 예산관리, 영업전략/생산전략 등 각 산업이나 회사 및 본부 사정에 맞춰 R&R은 다양하다.	조직 체계가 '기능별 조직'일 경우, 해당 영업본부/생산본부 등에서 본부 기획 업무를 담당하는 직무다. 인원이 적은 회사일 경우 영업/생산기술 직무를 맡은 사람이 겸직하는 것이 일반적이다.
콘텐츠기획	디지털콘텐츠 기획, SNS채널 기획, 마케팅 캠페인 기획 등	마케팅 세부직무 중 하나이다. 경영기획, 전략기획과 전혀 관계없다.
상품기획	시장조사, 유통채널 전략 수립, 가격설정, 신제품 기획 및 개발	
서비스기획	각종 서비스 기획/관리, 웹/앱서비스 기획, 프로젝트관리, 서비스 동향 분석 등	IT포털이나 금융서비스기업 같은 서비스가 주 매출원인 회사에 수요가 있는 직무이다. 해당 서비스 및 프로젝트에 대한 관리를 진행한다. 물론 경영기획, 전략기획과는 관련이 없다.
웹기획	UX/UI, 웹사이트 운영관리, 웹/앱 프로세스 기획	서비스기획이나 마케팅 업무와 비슷하긴 하나, 디자인, IT적 역량도 필요한 업무이다. 웹/앱의 발달과 함께 수요가 증가하고 있다. 역시 경영기획, 전략기획과는 관련이 없다.

만약 전략기획과 경영기획이라는 직무를 지원하는 취업준비생 입장에서 살펴보면 분류 표의 직무들 중에서 경영기획/전략기획/사업기획/영업기획 정도 까지가 본인이 지원해야 하는 영역이다.

사실 취업의 준비단계에서 업무별로 명확히 어떤 일을 하는지 또는 해당 회사에서 해당 직무가 어떤 업무를 하는지 알기란 쉽지 않은 일이다. 위에 있는 기획이란 직무만 보더라도 매우 다양한 용어로 쓰이고 있으며, 단어 하나만 바뀌었을 뿐인데도 업무가 아예 달라져 버리기가 일쑤인지라, 취업준비생 입장에서 공고만 보고 명확히 직무들을 이해하긴 힘든 상황이다.

하지만 충분히 직무에 대한 공부를 해놨다면, 사람인이든, 잡코리아든, 자소설닷컴이든 취업 공고가 있는 플랫폼에서 여러 회사들이 낸 기획 관련 공고를 보고 넣어야할 곳과 넣지 말아야할 곳을 바로 판단할 수 있으며, 그 R&R을 유추하여 자기소개서도 직무에 맞게 써서 낼 수 있다.

이를 반대로 생각해보자. **만약 직무에 대한 공부를 충분히 하지 않았다면, 본인의 자기소개서나 면접 답변에 이르는 모든 방향성이 어그러지게 된다.**

해당 직무가 어떤 업무를 하는지도 모르는데 어떻게 어떤 역량과 성격이 중요한지 알아낼 수 있을까? 또한 직무 현직자들과의 인터뷰나, 여러 교육 및 글들을 통해 어떤 역량이 중요한지 알아냈다고 하더라도, 그 역량이 구체적으로 어떤 상황에서 어떻게 필요한지에 대해 명확히 설명할 수 있을까?

그러므로 필자가 생각하는 완벽한 취업 준비단계에서는, 직무공부와 자신에 대한 공부가 엮여 가장 첫 번째에 배치되게 된다. 아래에서 이에 대해 간단하게 설명해보겠다.

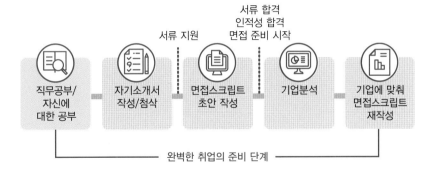

완벽한 취업의 준비 단계

우선 인문계에 해당하는 수많은 직무가 있다. 이 중 **본인이 주로 지원할 직무(주 직무)와 주 직무가 뜨지 않았을 때 지원할 직무(부 직무)를 두 가지 정해놓는다. 그리고 이것에 대해서 제대로 공부한 후에 이에 맞춰 자기소개서를 쓸 준비를 해놓는 것이다.**

공부하는 과정 중에 당연히 직무공부 중 나온 역량이나 성격에 맞춰 본인의 경험과 가치관 등을 정리하는 시간도 갖게 된다. 혹시 대학교 취업지원센터나 다른 취업컨설턴트들에게 취업 교육을 받아본 적이 있다면, 보통 처음에 자신의 경험을 시기별로 쭉 정리하는 시간을 가져본 적이 있을 것 같다. 그 때 했던 것이, 자신에 대한 공부였다고 생각하면 된다.

여기까지만 들으면, 본인이 충분히 직무를 분석했다고 생각하는 사람도 많을 것 같다. 하지만 대부분이 피상적으로 알고 있을 가능성이 높다. 이에 대해 조금 더 자세히 설명해보겠다.

여러분이 영업직무를 지원했다고 가정해 보자. 영업직무에 대해서 책이든, 인터넷이든, 오픈카톡방이든, 아는 현직자에게 듣든 수많은 이야기를 들어오셨을 것이라 생각한다. 그렇게 수집한 정보를 정리해 봤으면, 필요한 역량이나 성격도 나오게 될 텐데, 아마 '커뮤니케이션 능력'이나 '친화력'정도는 필수로 들어가 있을 테고, 또한 자기소개서에도 이 두 가지 중 하나정도를 강조한 글이 있을 것 같다. 사실 이 두 역량은 모든 직무에 다 필요한 것이긴 하다.

여러분이 영업에 대해 피상적으로 알고 있다면, 이 두 역량이 필요한 이유를 말해달라 했을 때, "영업이 고객을 대하는 접점이기 때문입니다."라고 답할 가능성이 높다. 그래서 왜 필요한지 이유를 적어오라고 하면, 통상 아래같이 답해온다.

EX 🔍 **취업준비생의 답변 예시**

- 커뮤니케이션 능력 : 거래처 또는 고객사를 설득할 수 있어야 한다.
- 친화력 : 신규 고객사 확보와 기존 고객사 관리에 있어 담당자와의 친밀한 관계가 필수적이다.

그냥 본다면 괜찮게 쓴 이야기로 보일 수도 있다. 우선 거래처나 고객사라고 하니 B2B영업을 타깃으로 쓴 글일 듯하다. 그런데 이 답변을 보자니 컨설턴트로서 아래와 같은 의문이 든다.

[컨설턴트의 의문(feat. 정말 영업에 대해 아는 게 맞을까?)]
- 거래처와 고객사에 영업사원이 무슨 일을 어떻게 해오기에 설득해야 하는가?
- 설득을 하는 것이 실제 업무에서 발생하는 경우가 많을까?
- 어차피 기술력이고 가격이고 위에서 정책적으로 다 내려올 가능성이 높은데 뭘 설득한다는 걸까?

- 영업인과 상대하는 고객사 담당자가 결정권한도 없을 가능성이 높은데 어떤 커뮤니케이션 역량으로 어떻게 설득해서 결정을 내리게 하는 걸까?
- 거래처 또는 고객사를 설득하기 위해 본인이 가진 커뮤니케이션 역량 중 어떤 것을 사용하는가?

자기소개서나 면접의 준비 단계에서 직무공부를 제대로 해내었다면, 해당 역량이 필요한 이유를 훨씬 더 구체적으로 서술할 수 있었을 것이다. 그렇다면 당연히 컨설턴트의 의문이 나오지도 않을 뿐더러, 직무에 대해 명확한 이해를 하고 있다고 판단하여 서류전형이나 면접에 합격할 확률도 조금은 높아질 수 있을 것이다. 따라서 미리 직무를 분석한 내용들을 나중에 자기소개서에 직접적으로 사용할 수 있으며, 면접에서도 본인의 직업관과 가치관을 말할 수 있는 근본을 만들어줄 것이다.

과연 여러분들이 직무분석에 대해서 시간을 제대로 투자해본 적이 있을까? 방법은 아는데 시간을 투자한 적이 없다면, 속는 셈 치고 직무에 대한 이해를 극한으로 늘릴 때까지 직무공부를 해보라.

직무공부 방법을 아예 모른다면, 이 다음 챕터인 '합격자만 알고 있는 직무분석 공부법'을 보고, 직무에 대해 공부를 시작해 보자. 합격의 첫 걸음은 직무분석에서부터 시작된다.

직무분석 꿀팁

❶ 주 직무와 부 직무, 두 가지 직무를 정한 후 그에 대해 공부해 보고, 해당 직무에 필요한 성격과 역량을 미리 정리해 놓는 과정이 필요하다. 그것이 직무분석 공부다.

❷ 피상적인 직무공부가 아니라, 해당 역량이나 성격이 왜 필요한지 구체적인 공부가 필요하다. 그 공부법은 다음 파트에서 다뤄진다.

❸ 직무공부에 시간을 투자해서 직무에 대한 이해를 극한으로 늘려보면, 서류 과정뿐만 아니라 면접 과정에서도 큰 도움을 받을 수 있다. 믿고 따라해 보자.

합격자만 알고 있는
직무분석 공부법

누군가는 직무분석도 제대로 되지 않은 상태에서 '어? 어?' 하다가 취업하기도 하고, 직무에 대해서 잘 모르는 상태에서 도전했지만 말을 썩 잘하는 편인 사람이 면접에서 본인을 잘 표현해 내며 취업하기도 한다. 하지만 대다수의 합격자들은 어느 정도 직무에 대해 본인만의 가치관과 직업관을 정리하고 녹여서 자기소개서를 썼으며, 면접을 준비하여 합격하는 것도 사실이다.

특히 중고신입의 비율이 높아지고, **티오(TO) 대비 지원자 수가 압도적으로 높아 경쟁률이 심해진 현재의 상황에서는 확실한 직무공부는 합격을 향한 기본이라고 볼 수 있다.**

직무에 대한 아주 기본적인 질문인, '영업이란 무엇이라 생각하는가?', '기획과 계획은 어떻게 다른가?', '마케팅과 영업의 차이점은 무엇인가?', '인사 직무에서 가장 중요한 역량은 무엇이라 생각하는가?'와 같은 질문에서 제대로 공부하고 생각한 사람들의 답변은 깊이가 다를 수밖에 없다. 이미 업무를 경험하고 온 중고신입들과 대결하기 위해서 직무분석을 자소서 단계 이전부터 미리 준비하고, 지속적으로 면접 때까지 학습하기 바란다. 앞에서는 직무분석의 중요성에 대해서 설명했고 이번 챕터에서는 실제로 어떻게 직무를 분석하는지에 대해서 알아보고자 한다. 특히 어떤 소스를 사용해서 공부하면 도움이 될지 자세히 다룰 것이다. 직무공부를 위해 다음의 Step을 차근차근 밟아보자.

STEP 1_ 우선 주 직무와 부 직무를 설정하자.

문과 관련 직무는 아래 상세직무 자료를 참고하자. 이중에 본인이 주 직무로 삼을 직무와 부 직무로 삼을 직무를 먼저 정해야 한다. 만약 각 직무들의 하는 일이 명확히 무엇인지 몰라서 정하기가 쉽지 않다면, 시간과 노력을 조금 들이더라도 몇 가지 직무를 더 공부해 보고, 그중에서 자신과 맞는다고 생각하는 것을 주 직무와 부 직무로 정하는 것이 옳다.

〈문과 관련 직무〉

직무 분류	상세 직무
기획	경영기획, 전략기획, 경영관리, 투자전략, 사업관리, 사업기획, 영업기획, 관리회계 등
인사	인사, HRM, HRD, 채용, 급여(Pay roll), 노무, 인사평가, 조직문화, 경영지원 등
총무	총무, 부동산운영, 경영지원 등
재무	회계, 재무, 자금, IR, 원가 등
구매	구매, 계약, 외자구매, 국내소싱, SCM 등
영업	해외영업, 국내영업, 영업관리, 영업기획, B2B영업, (B2B기업에서의)마케터 등
홍보	홍보, PR매니저, 브랜드전략 등
마케팅	마케팅기획, PM, BM, MD, 상품기획, 서비스기획, 퍼포먼스마케터, 콘텐츠기획 등
법무	–
감사	–
CSR	사회공헌, CSR 등
비서	C-level 대졸 비서 등

〈산업군/기업별 직무〉

산업군/기업 분류	상세 직무
금융	개인금융, 기업금융, IB, 리스크관리, 기업분석, 대체투자 등
물류	물류, 물류기획, SCM
유통	영업관리, 플로어매니저 (유통업계는 그냥 B2C영업으로 묶어 함께 준비)
CS	고객데이터 분석, 사업운영
광고	AE, CD, CW

물론 산업군이나 회사마다 부르는 직무 명칭에 차이가 있기 때문에 이들을 명확히 인지하기란 쉽지 않다. 특히 마케팅 직무는 정말 다양하게 분류된다. 기획 직무는 크게 경영기획과 전략기획으로 나뉘며, 이 외의 다른 명칭을 가진 수많은 기획 직무도 대부분 이 두 직무와 비슷한 역할을 수행한다고 봐도 된다. 하지만 마케팅은 마케팅기획, PM, MD, 퍼포먼스 마케터, 콘텐츠 기획 등 명칭이 다른 직무들 간의 업무 영역에 큰 차이가 있다. 그래서 직무공부를 할 때 특히 분류를 잘 나눠서 해야 한다. 포스코 같은 대형 B2B 기업에서는 영업을 마케터라는 명칭으로 부르기도 해서 오인하기가 쉬운데 이런 차이점들을 직무공부를 하면서 조금씩 알아가야 한다.

우선 직무공부를 하는 이유는 자기소개서를 해당 직무에 맞춰 준비하기 위해서이다. 따라서 **한 직무에 대한 공부로 최대한 많은 회사의 직무에 적용시킬 수 있다면 효율이 상승**한다. 그렇기 때문에 산업군이나 기업별로 특수한 직무만을 중심으로 공부하기보다는 **기획·인사·총무·재무·구매·영업·홍보 등의 기본 직무를 먼저 공부하는 것이 좋다.** 그래서 주 직무를 꼽을 때 표로 제시한 직무들 중에서 고르는 것을 추천한다.

주의할 점은, **영업직무의 경우 B2B와 B2C산업에 따라 필요한 역량 및 성격이 크게 다르므로 그 두 직무는 따로 공부해야 한다는 것이다.** 마케팅의 경우는 앞서 말한 대로 세분화된 직무들이 조금씩 다른 역할을 수행하기 때문에, **마케팅이라고 막연히 정하기보단, 세분화된 직무들 중 몇 개를 선택하여 공부해보고 방향성을 잡는 것이 좋다.** 금융 산업군의 경우 은행에만 올인하는 것이 아니라면, 증권/제2금융권/신용평가사 등 지원할 회사가 꽤 많기 때문에 이들을 하나의 직무로 생각하고 공부해보는 것도 나쁘지 않다.

반면에 법무/감사/비서/CSR 같은 직무들은 너무 TO가 적으므로 주 직무로 삼기에는 좋지 않다. 본인이 법학을 전공했다면 모르겠지만, 그것이 아니라면 주 직무로 가져가지 말자.

위에 언급한 직무들 사이에서 일단 주 직무와 부 직무를 하나씩 설정했다 가정하고 다음 2단계를 밟아 보자.

STEP 2_ 해당 직무에 대해 최대한 많은 정보를 모으며, 엑셀에 정리한다.

직무에 대한 정보를 모으는 방법은 여러 가지가 있다. 아래의 꿀팁을 살펴보자.

직무 정보 수집 꿀팁

- 해당 직무 실무자와의 대담 : 오픈카톡방, 학교 선배 활용, 각종 취업 커뮤니티 활용

- 인터넷에 오픈된 인터뷰 활용
  ❶ 잡코리아 '직무인터뷰', 사람인 '당신의 멘토를 소개합니다', '선배통'
  ❷ 네이버/구글 등에 직무+인터뷰로 검색
  ❸ '독취사', '스펙업' 등 취업 카페에서 직무 관련 글 검색

❹ LG, SK, 롯데, 한화 등 기업 채용 사이트에 있는 직무 관련 선배 인터뷰 참고

❺ 457deep의 직무 인터뷰(유료지만 고품질의 자료)

❻ 유튜브에 있는 현직자들의 인터뷰 등

• 직무 관련된 글이나 영상 찾아보기

❶ 잡코리아 '좋은일연구소'에서 발간된 '잡타임즈'(구글 검색 Go!)

❷ 코멘토, 457deep, 잇다, 오직 등 취업 관련 유료사이트의 직무 관련 글

❸ LG, SK, 롯데, 한화 등에 있는 직무 관련 설명

❹ 유튜브, 직무 관련 책자

❺ 워크넷, 국가직무능력표준, 한국직업방송 등 취업 관련 사이트/방송의 글 및 영상

• 해당 직무의 경력직(3~10년차) 공고 검색

• JD(Job Discription), 직무기술서 검색

일단 이런 채널을 통해 수많은 인터뷰, 그리고 직무에 관한 글들을 보고 정보를 모았다면, 엑셀로 다음 예시와 같이 정리해 보자.

EX 🔍 **재무업무 정리 자료**

기업명	CJ제일제당	대림산업
직무	재경	재무전략실
주요 업무	• 연결업무 담당 – 제일제당을 포함한 국내외 자회사의 연결결산작업을 통해 분기/연간 보고서를 작성하여, 내/외부 회계정보이용자의 의사결정을 돕는 재무정보를 제공함	• 회계팀 – 일상 업무 : 회계문의 응대, 타부서 요청자료 작성 – 결산 : 월/분기/기말 결산, 실적자료 집계 – 그 외 현장 실사, 회계감사 수검, 감사보고서 주석 작성, 회계증빙 관리, 경쟁사 분석 등
카운트 파트너	• 타부서 • 외부조직(회계법인/금융기관 등)	• 법무지원팀 • 회계법인/금융기관

애로 사항	–	• 국내외 현장이 많기 때문에 결산 과정이 결코 쉽지 않음 • 오류를 최소화해야 함
직무 선택 계기	• 경영학 전공 • 기업의 본질은 이익창출이며 재경 직무는 회계라는 방법을 통해 모든 것을 숫자로 설명한다는 점이 매력적이라고 생각	–
필요 역량	1) 전문지식 – 회계/세법/자금운용과 관련 전문지식 요구됨 2) 커뮤니케이션 능력 – 타부서 및 외부조직(회계법인/금융기관)과의 유관업무가 다양한 형태로 이루어지기 때문에 원활한 소통 필요 3) 정직함 – 재경의 모든 일은 돈과 관련되어 있기 때문에 부정을 용납하면 안 됨 4) 꼼꼼함, 성실함 5) 시간관리능력 – 제한된 시간을 효율적으로 활용해야 함	1) 꼼꼼함 – 원칙을 숙지하고 그에 따라 일을 처리하는 과정에서 오류가 없는지 세심하게 살펴봐야 함 2) 대화능력 – 현장, 본사부서 직원들과 연락을 자주 주고받기에 부드럽게 이야기를 하는 능력이 매우 중요 3) 엑셀 활용 능력 – 회계 시스템과 엑셀을 주로 활용하기 때문에 이를 효과적으로 사용하는 법을 익혀야 함. 특히 엑셀의 기능과 수식을 오류 없이 사용하여 업무 효율성을 높인다면 소요시간을 단축시킬 수 있음
취업 준비	–	1) 대림산업 입사를 준비하는 다른 취준생들과 스터디를 만들어서 회사의 이슈를 정리하고 모의면접을 진행함 2) 대림산업 홈페이지, 관련 신문기사 등을 섭렵함 3) 직무 관련 예상 질문들을 준비함

향후 비전	• 국내외 자회사의 자금 관련 업무 및 공시, 주주총회 등의 업무를 경험함으로써 재무전문가로 성장할 수 있음 • 회사 전반의 경영활동을 파악하여 CFO 혹은 CEO가 되기 위한 필수역량을 갖출 수 있음	–
인터뷰 URL	recruit.cj.net	www.daelim.co.kr/careers/intro/JobInfoList.do?no_ntc_plte_sral=15850&slideIndex=4
그외 조언	재경직무는 회사의 규모를 떠나 모든 기업에 존재함. 따라서 지원자는 회사가 구성원에게 줄 수 있는 기회와 성장 가능성을 고려해서 지원해야 한다고 생각함	• 왜 이 회사에 관심을 갖게 되었고 얼마나 책임감을 가지고 일에 임할 자세가 되어 있는가를 어필하여 좋은 인상을 줘야 한다고 생각함 • 정확한 정보와 직무에 대한 이해에서 나오는 자신감을 갖되, 늘 배움으로 임하겠다는 겸손의 자세가 필수라고 생각함

직무를 분석할 때에는 관련 영상과 인터뷰, 글 등을 가능한 한 많이 보고 읽으면서 최대한 정리 개수를 늘려보는 것이 좋다. 현직자마다 생각하는 바가 다르기 때문에, 자신의 상황과 자신이 가진 역량, 자신이 경험한 것, 특히 자신이 성공했던 방식에 입각하여 인터뷰를 하게 된다. 다 옳은 말을 하는 것이 아니며, 그렇다고 틀린 말을 하는 것도 아니다. 그저 서로 자신의 상황에 맞춰 다른 말을 하는 것이기 때문에, 그러한 다양한 시선을 전부 모아보는 것이 중요하다.

또한 산업군마다 사실 하는 일이 조금씩 다를 수도 있고, 같은 산업이라도 회사마다 R&R이 조금씩 상이하다. 우리는 어차피 다양한 회사에 지원하기 때문에 많은 인터뷰를 통해 해당 직무를 다양하게 보면서 어느 정도 보편적인 모습을 정립할 필요가 있다.

엑셀에 인터뷰를 정리하다 보면, 인터뷰마다 있는 부분, 없는 부분이 다 다를 텐데, 그것과 상관없이 쭉 내려 정리를 해 본다. 비워져 있는 곳은 비워 놓고 편하게 정리하자. 어느 산업군은 이런 것을 하고, 이 직무는 누구를 상대하고, 누구와 일하고, 어떤 애로사항이 있는지, 어떤 강점이 필요하고, 그 이유는 무엇인지, 이런 부분을 상세히 정리하기 바란다.

그러다보면 어느 정도 직무에 대한 이해가 쌓이기 시작한다. 보통 15~20개 정도만 정리하면 공부가 충분히 되고, 어떤 것을 서류와 면접에서 어필할지 감이 잡히기 시작할 것이다. 이중 본인이 가지고 있다고 판단되는 5가지 정도의 역량/성격을 정리해보면서, 그 역량/성격이 왜 필요한지 인터뷰들에서 본 것을 바탕으로 자세히 서술해보는 과정을 가져야 한다.

STEP 3_ 공부한 내용을 바탕으로 해당 직무에 필요한 역량/성격 5가지를 정리한다.

가장 중요한 단계이다. 이 부분에서 자기소개서와 면접을 포함한 모든 부분에서 강조할 역량/성격이 갖춰지게 된다. 우선 아래 예시를 보자.

EX 🔍 **재무직무 역량&성격**

No	역량&성격	해당 직무에 필요한 이유	관련 경험
1	끈기	1) IFRS 변화나 세법 개정, 그리고 전문지식이 가장 필요한 직무로, 입사 후에도 전문지식을 계속해서 습득 필요. 따라서 업무하는 동안 끈기를 가지고 이런 전문적 지식을 놓치지 않아야 커리어를 이어나갈 수 있음	1) 2년간 CPA 공부, 1차 시험 합격 경험, 매년 개정되는 세법과 개정 IFRS를 공부하며 업데이트 2) 인턴 당시 5명의 교수님을 컨택하여 결국 추천서를 받아 입사했던 경험

2	책임감	1) 정해진 결산 일정에 맞춰 반드시 업무를 끝내야 하기에, 결산시기에는 바쁘더라도 본인이 맡은 업무에 빈틈이 없도록 정해진 기간 내에 오류 없이 끝내야 함 2) 일정기간 지체 시 매출에 연동하여 벌금이 부과되는 등 회사에 피해를 줄 수 있음	1) 공모전을 준비할 당시 팀원 중 한 명이 갑자기 자퇴를 하여 계획이 틀어지게 되었지만 리더로서 빠르게 계획을 다시 세우고 공모전에 집중하여 결국 수상에 이름
3	문제 해결능력	1) 결산 과정에서 오류가 발생하거나 금액차이가 나게 되면 타격이 큼. 따라서 문제가 발생했을 때, 신속하게 원인을 파악하고 정확하게 문제를 해결해야 함 2) 비용이 지나치게 많이 지출되는 경우에 비용을 줄이기 위한 개선방안을 생각하고 해결해야 한다고 판단됨	1) 카페에서 매니저를 담당했을 때, 발주 방식을 개선하는데 기여한 경험 2) 인턴 당시, 재고 관리에 대한 어려움을 해결하기 위해 재고목록을 엑셀로 문서화시켜 관리하며 보완함
4	끈질긴 소통능력 (=집요함)	1) 결산 납기를 맞추거나 세금 신고 기한까지 업무를 처리해야 하기 때문에 각 부서 회계 담당자에게 자료를 빠르게 받아내야 함 2) 수많은 질의 전화로 인해 본연의 업무가 지연되지 않도록 해야 하며, 결산 납기나 신고기한 내에 업무를 빠르게 처리하고 자료를 받아 내야 함. 따라서 단순히 친화력 있는 커뮤니케이션 능력뿐만 아니라, 끈질기고 신속한 소통능력이 필요함	1) ○○에서 아르바이트를 할 때, 각 기업마다 설문 조사지를 빠르게 회수해야 했음. 한두 번 시도하고 포기하는 것이 아니라 집요하고 끈질기게 연락하여 결국 모든 기업들에게서 기한 내에 설문지를 100% 회수하는 데에 성공

| 5 | 꼼꼼함 | 1) 돈과 숫자를 다루는 직무인 만큼 항상 원칙을 준수하고 그에 따라 일을 처리하는 과정에서 오류가 없는지 세심하고 꼼꼼하게 살펴봐야 함. 한 번의 실수가 엄청난 파장을 일으키거나 회사의 신뢰성을 떨어뜨릴 수 있는 업무라는 것을 항상 명심해야 함

2) 회사에서 일어나는 모든 자금의 입출금과 전체 부서마다의 자료를 숫자로 정리하여 재무제표로 만들어야 하기 때문에 자료를 꼼꼼하게 정리하는 능력이 필요 | 1) 학생회 총무부에서 활동할 때 영수증 첨부대지를 만들어서 영수증을 사전에 꼼꼼하게 정리함. 덕분에 학기말 감사 때마다 업무를 처리하는 게 수월했음

2) 스타트업에서 재무 업무를 담당할 때, 세금계산서와 거래명세서 등을 카테고리별로 깔끔하게 정리하는 것의 중요성을 배움

3) 재무 인턴을 할 때, 업무는 한번에 피드백 하기 보다는 중간마다 꼼꼼하게 피드백을 하는 것이 오류 리스크를 줄일 수 있음을 느낌 |

우선, 인터뷰를 정리하면서 해당 직무를 분석했을 때 많이 언급되었던 역량/성격 중 본인이 가지고 있는 것을 먼저 적어 놓고, 현직자들이 한 말 중에서 단서를 찾아 '해당직무에 그 역량/성격이 필요한 이유'를 적어 본다. 그리고 마지막으로 본인의 관련 경험을 서술한다.

이 과정에서 중요한 것이 3가지가 있다.

첫 번째, 역량/성격을 뽑을 때, 앞서 정리한 인터뷰들을 보며 현직자들이 말한 중요한 역량/성격을 그대로 뽑아놓는 것이 아니라 그 중에서 **'내가 가진 역량/성격'을 뽑아야 한다**는 것이다. 예를 들어, 아무리 현직자가 커뮤니케이션 스킬이 중요한 역량이라고 말한다 한들 본인이 가지고 있지 않다면 그것을 쓰면 안 된다는 말이다.

어떤 직무든, 직무에 필요한 역량 및 성격은 분류하자면 수십 개도 넘는다. 이것을 모두 가진 사람은 당연히 없고, 서로 상충되는 역량도 존재한다.

예를 들어 영업은 꼼꼼해야 하고 추진력도 있어야 한다. 하지만 이 둘을 동시에 가진 사람은 거의 없다. 대신 누군가는 꼼꼼함을 바탕으로 신뢰를 주는 영업을 펼칠 수 있고, 누군가는 추진력을 통해 신규 판로를 개척하기도 한다.

즉, 본인이 가진 것이 왜 필요한지 명확히 이해하기만 한다면, 그것이 어떤 역량이든, 어떤 성격이든 해당직무에 맞게 써먹을 수 있다는 말이기도 하다. 그러므로 본인이 가진 역량/성격에 집중하여 다섯 가지를 뽑아보기 바란다.

두 번째, '해당직무에 그 역량/성격이 필요한 이유'는 직무에 대한 많은 고민을 통해 작성되어야 한다.

이것이 실제로 자소서에 그대로 들어가기도 하고, 면접 답변의 기초가 되기도 한다. 그래서 이 부분을 얼마나 잘 써내느냐에 따라서 자소서와 면접 답변의 수준이 판가름 난다. 사실 직무별로 뽑히는 역량은 타이틀만 보자면 타 직무에도 그대로 적용될 수 있는 대동소이한 것이 많다. 예를 들어 '커뮤니케이션 스킬'이나 '친화력'은 그 직무가 재무든, 기획이든, 영업이든, 마케팅이든 다 중요한 역량이다. 하지만 각 직무에서 그것이 필요한 이유는 조금씩 차이를 보인다. 단순히 '사람과 협업해서' 커뮤니케이션 스킬이나 친화력이 필요한 것이 아니라, 누구와 어떤 방식으로 일하고, 어떤 애로사항이 있기에 그 역량이 해당 직무에 중요한지를 인지해야 한다. 그리고 그것을 자신만의 언어로 표현하는 것이 중요하다. 우선 그 과정 동안에 최대한 많은 인터뷰를 보고, 현직자들이 풀어내는 직무에 대한 이야기에 대해 쉐도잉 해보고, 그 후에 자신만의 가치관과 직무관을 정립해나가는 것, 그 트레이닝이 직무공부법인 것이다.

세 번째, 경험은 최대한 다양하게, 아무리 작아보여도 일단 넣어 놓는다.

일단 지금 당장 자기소개서에 쓰일 경험은 역량/성격당 1~2개면 충분하다. 하지만, 여러분은 자기소개서만 쓰면 끝나는 것이 아니다. 향후 면접에도 가야하며, 요즘은 자기소개서가 많이 어려워져서 다양한 질문이 나오다보니 내가 미리 세팅해놓은 경험이 쓰이지 못하는 경우도 있다. 그러기에 지금 직무공부단계에서 최대한 많은 경험들을 역량/성격에 매칭해서 정리해놓으면, 그 때 더 수월하게 이 경험, 저 경험을 꺼내가며 작성할 수 있게 된다.

따라서 역량/성격을 고를 때 진짜로 본인이 가진 역량과 성격 중에서 뽑아내는 것이 더 중요해진다. 인생에 딱 한 번 잘했던 경험만 있다면 그것은 본인의 진짜 역량이 아닐지도 모른다. 그것이 진짜였다면, 여러 자잘한 경험들부터 큰 경험까지 많이 나오게 될 것이다. 그렇게 여러 경험들을 증거로 하는 진정한 본인의 역량/성격을 5가지 정도 선별한다면, 이것을 토대로 진솔하게 자기소개서나 면접 스크립트를 작성할 수 있을 것이다.

무엇보다도 경험 크기나 임팩트 자체가 중요한 것이 아니란 점을 알아두기 바란다. 해당 역량이 직무에 필요한 적절한 이유와 경험의 일치성도 중요하다. 인턴 경험이나, 정규직 경력이 아니고, 대학교 팀플이나 아르바이트, 동호회 활동, 어렸을 적 친구들과의 사건, 부모님과의 대화에서의 깨달음일지라도 글의 방향성과 일치된다면 작성해도 좋다.

STEP 4_ 정리한 내용을 자기소개서에 반영해보자.

이제까지 직무분석 공부법을 살펴보았다. 사실 혼자 하기 아주 어려운 과정이다. 하지만 이 과정에서 직무 엑셀파일을 잘 만들어 낸다면 그 이후 자기소개서 작성과 면접 과정을 수월하게 지나갈 수 있다.

지금 정리해놓은 내용들을 기반으로 자기소개서에 한번 반영해보자. 직무에 맞는 역량, 성격 5가지를 잘 뽑아냈고, 또한 본인이 스스로의 언어로 그 역량&성격이 필요한 이유에 대해 잘 만들어놨다면 이제 자기소개서만 읽어

봐도 '직무를 아는 사람'이라는 느낌을 줄 수 있을 것이다.

우리가 흔히 말하는 직무역량이 있는 사람은, 인턴을 경험하고, 직무를 경험한 사람을 뜻하는 것이 아니다. 충분한 준비를 통해 직무를 이해하고 직무에서 필요로 하는 역량/성격과 합치되는 느낌을 줄 수 있는 사람이다.

그리고 그저 직무에 대해 많이 알고 있는 '지식'이 아니라, 똑같은 상황에서 더 좋은 선택을 할 수 있는 '지혜'를 보여줄 수 있다면, 그것이 좋은 경험인 것이다. 이제 직무공부법을 한번 해보고, 지식이 아닌 지혜를 보여줄 수 있는 기초를 다져보자.

직무분석 꿀팁

❶ 주 직무와 부 직무를 정할 때는 범용성을 생각해서 정하는 것이 좋다.

❷ 인터뷰 검색, 현직자 대담 등 최대한 많은 채널을 동원하여 해당 직무에 대한 이해도를 높이고, 그것을 엑셀에 차근차근 정리해 둔다.

❸ 지원직무에 필요한 역량 중 본인이 가지고 있다고 판단하는 5가지 역량 및 성격을 정리한다. 그리고 그것이 필요한 이유에 대해 직무를 공부한 내용을 바탕으로 상세히 서술한다. 그리고 그것을 자소서에 반영해 보자.

03 역량 겉핥기 극복법

직무공부법으로 체계적으로 직무공부를 한 뒤 역량과 성격을 잘 뽑아냈다고 해도 실제로 그것을 자기소개서에 적용하다가 어려움에 빠진 취준생들이 있을 것이다.

막상 자기소개서에 대입하려니 잘 적용되지 않기도 하고, 뭔가 뜬 구름 잡는 소리를 쓰는 것 같기도 하고, 너무 평범하고 밋밋하기도 할 것이다. 커뮤니케이션 스킬이나 친화력을 쓰자니 너무 뻔한 글인 것 같고, 어떤 역량을 분명 내가 가지고 있는 것 같은데 막상 글에 적용하니 뭔가 약하다고 느껴질 것이다.

게다가 요즘은 기업마다 자기소개서 질문 자체가 어려워지다 보니, 그 질문에 따라 내 경험을 서술하며 글을 써내려가다 보면, 결국 처음 직무공부를 하면서 중요하다고 생각했던 5가지 역량과 성격이 아닌 다른 내용들을 자기소개서에 쓰고 있는 자신의 모습을 발견하게 될 수도 있다.

이렇게 어려움을 느끼는 이유는 역량과 성격을 자기소개서에 적용시키는 과정에서 지원하는 직무에 필요한 역량을 실질적이고 구체적으로 변환하는 과정이 추가로 필요해서이다. 지금부터 소개할 내용이 바로 그것이다. 이번 챕터의 내용을 찬찬히 살펴보면서, 진짜 여러분이 보유하고 있는 실질적인 역량과 성격을 찾아내기 바란다.

1. 여러분이 말하는 역량, 겉핥기가 아닌지 살펴 보자.

가장 많은 학생들이 지원하게 되는 영업을 예로 들어 보자. 영업에서 필요한 수많은 역량이 있는데, 아래에 간단히 정리해보겠다.

> **영업에서 필요한 역량/성격**
> 의사소통력(커뮤니케이션), 설득력, 친화력, 주인의식, 도전정신, 적극성, 추진력, 우직함, 책임감, 성실성, 꼼꼼함, 분석력, 관찰력, 상황판단력, 상황대처력, 문제해결력, 갈등조정력, 고객지향적 태도, 목표지향(성취지향), 리더십, 혁신추구, 변화수용성, 자원관리능력, 유연성, 적응성, 전략적 사고 등등

이렇게 많은 역량과 성격이 모두 영업 자소서에 쓸 수 있는 역량이다. 앞에서 이 중에서 5가지를 선택하는 방법을 배웠다. 그 방법에 따라 5가지 역량 및 성격을 Pick하고, 각각의 역량이 왜 필요한지, 현직자들의 인터뷰를 보며 중요하다 강조했던 내용들을 알고 있다고 해보자.

GS리테일의 편의점 영업관리 관련 자소서에 반영할 5가지 역량을 아래와 같이 도출해보았다.

1) 의사소통력
2) 친화력
3) 문제해결력
4) 갈등조정력
5) 분석력

위의 5가지 중 의사소통력과 갈등조정력에 대해서 잘못 작성한 사례를 보자.

의사소통 역량 반영의 잘못된 사례

"저는 원활한 커뮤니케이션 역량을 가지고 있습니다. 영업 업무를 수행하며 경영주*님들과의 수 많은 커뮤니케이션을 주고받게 됩니다. 이때 제 커뮤니케이션 역량을 통해 업무를 원활히 수행하 는 OFC**가 되겠습니다."

* 경영주 : GS리테일에서 편의점주를 부르는 명칭
** OFC : GS리테일의 영업관리직

EX_2 🔍 **갈등조정 역량 반영의 잘못된 사례**

"본사와 경영주님들 사이의 갈등, 그리고 근접 지역의 경영주님들 사이의 갈등 등 점포운영 시 수많은 갈등상황이 발생할 것입니다. 제가 가진 갈등조정능력을 통해서 이러한 갈등상황을 중재 하며 회사와 경영주님들의 니즈를 모두 충족시키는 OFC가 되겠습니다."

일단 전문이 아니기에 저 글들만 봤을 때는 문제점이 없다고 생각할 수도 있다. 하지만 저 2개의 예시는 각각 의사소통력과 갈등조정력이라는 단어를 그냥 자기소개서에 넣어놓은 것에 지나지 않은 글이다. 물론, '왜 필요한지' 에 대해서는 직무공부를 했기 때문에 어느 정도 써놓긴 했다.

하지만 **실제로 자신은 어떤 방식으로 의사소통을 하는지, 실제로 자신은 어 떻게 갈등을 조정하는 타입인지** 설명하지 않은 선언적 표현에 불과하다. 흡 사 "저는 하늘을 날 수 있습니다."라는 문장과 크게 다르지 않다. 필자가 말 하는 '역량의 겉핥기'란 바로 저런 글들을 뜻한다. 한 번에 이해가 어려울 테 니 조금 더 설명을 해보겠다.

저는 항상 명확하고 정확한 문장과 단어를 사용하고, 그것을 알아듣기 쉽게 전달하는 의사소통력을 가지고 있습니다.

위 예시처럼 내가 가진 의사소통의 방식, '내가 의사소통을 **어떻게** 하는 타입이다.'의 '**어떻게**'가 여러분이 써야 할 자기소개서의 역량이다. 의사소통능력이라는 것은 상위역량에 해당된다. 실체가 없는 **상위역량**에 머무르지 말고, 자기소개서에 바로 반영 가능한 '**실질적인 역량**'을 찾아야 한다. 아래의 예시를 보자.

저는 '경청'하는 의사소통능력을 가지고 있습니다.

저는 '명확하게 전달하는' 의사소통능력을 가지고 있습니다.

저는 '빠르고 신속한' 의사소통능력을 가지고 있습니다.

저는 '공감을 잘하는' 의사소통능력을 가지고 있습니다.

저는 '논리적인' 의사소통능력을 가지고 있습니다.

위와 같이 상위역량에서 그치지 않고 좀 더 세부적인 역량을 찾아야 한다. 그래야 그 역량을 자기소개서에 쉽게 반영할 수 있으며, 본인도 방향성이 잡혀서 글을 쉽게 쓸 수 있다.

2. 그렇다면 어떻게 역량에 대한 겉핥기를 극복할 수 있을까?

① 사람인이나 잡코리아 같은 취업포털

② NCS 사이트, 잡이룸, 수많은 직무 관련 유튜브 동영상

③ 457deep이나 코멘토, 잇다, 오직 등의 선배들의 조언

④ 앞서 공부하라고 했던 현직자 인터뷰

위의 4가지를 통해 직무에 대한 수많은 이야기를 접할 수 있다. 어떤 직무에는 이 역량과 성격이 필요하다면서 아예 역량과 성격을 짚어주기도 한다.

그리고 그것이 필요한 이유를 상세히 설명해주시는 감사한 선배들도 있다. 예를 들어 영업에 관련된 인터뷰에서 아래와 같은 조언을 살펴보자.

영업직 현직자 Q&A

Q 영업직에 꼭 필요하다 생각하는 역량이 있다면 무엇일까요?

A 영업에는 커뮤니케이션 역량이 정말 중요해요. 아마 '고객사와 대화를 많이 해야 해서 그럴 것이다'라고 제일 처음 생각하실 텐데, 비단 고객사와의 영업활동에서만 커뮤니케이션이 중요한 것은 아닙니다. 내부의 수많은 유관부서들과 소통하게 되는데, 그 때 제대로 소통하지 못하면 업무가 진행되지 않죠. 특히 신입 입장에서 보면 타 부서의 선배들에게 업무 관련 요청을 하기가 어려울 수도 있고, 특히 자기가 실수라도 한 일이 있다면 더 주눅이 들어서 빠르게 업무 처리를 해야 하는 상황에서 주저하고 있는 때도 있어요. 이런 부분에서 빠르고 정확하게 커뮤니케이션을 하는 역량이 필요합니다.

위 질문과 답변을 보면, 일단 영업 직무에 있어 커뮤니케이션 역량이 중요하다는 것을 알게 되며 왜 중요한지도 어느 정도 이해가 될 수 있다. 꼭 고객사가 아니더라도 유관부서랑 소통을 하는 일이 잦기 때문에 빠른 업무 진행을 위해서 **빠르고, 정확하게** 커뮤니케이션하는 역량이 필요하다고 언급했다.

자, 이제 본인이 의사소통력을 가지고 있으며 특히 빠르고 정확하게 의사소통을 할 수 있다고 가정해 보자. 그런 상태에서 직무 공부가 충분히 된 상황이라면 아래와 같은 글을 쓰는 것이 가능해진다.

> [타인보다 한발 더 움직이게 만들어줄, 신속한 소통능력]
>
> 아르바이트 6년, 인턴 2번을 겪으며, 어떤 정보를 전달함에 있어서 단순히 빠르기만 해서는 안
> 되고, 정확하기만 해서도 안 된다고 생각해왔습니다. 빠르고 정확하게 정보를 전달하는 것, 그것
> 이 제가 가진 커뮤니케이션 방식입니다.
>
> ─ 생략(본인의 '빠르고 정확한' 커뮤니케이션 역량을 표현할만한 사례) ─
>
> 영업 직무에서는 고객사뿐만 아니라 내부 유관부서와 다양한 소통과 협업이 이뤄진다고 알고
> 있습니다. 이런 협업 와중에서 제가 가진 '빠르고 정확한' 커뮤니케이션 역량을 통해 원활한 업무
> 처리가 가능할 것이라 생각합니다.

즉, 인터뷰나 현직자의 대화에서 행간을 읽는 것이 중요하다. 애초에 현직
자에게 어떤 커뮤니케이션 방식이 좋다고 생각하는지를 물어보는 게 좋다. 물
론 여기서 그 사람의 대답이 절대적인 해답은 아닌 것은 알고 있어야 한다.
그리고 직무에 대해서 더 깊이 고민하고 더 많이 생각해야 한다. 마지막으로
내가 가진 것이 무엇인지도 더 분석해야 한다. 이런 과정이 바로 상위역량에
머무른 겉핥기를 실질적인 역량까지 파고드는 방법이다.

3. 자기소개서에서 특히 주의해야 할 겉핥기 역량(상위역량)

가장 대표적인 것은 **의사소통력**이다. 경청이든, 명확한 전달이든 자신이
정말로 뛰어난 의사소통력을 가지고 있다고 가정한다면, 본인만의 의사소통
방식이 분명 있을 것이다. 그 부분을 서술하라. 그게 본인만의 답이다.

분석력도 상위역량에 해당한다. 따라서 정확히 수치분석력인지, 시장분석
력인지, 고객 분석력인지, Data Base 분석력인지를 말해야 하고, 그 분석을
하는 자신만의 방식까지 완벽히 실질역량 수준으로 내려놓아야 자기소개서

에 활용될 수 있다. 대부분 자기소개서에 분석력을 쓰는 이들이 막상 써보면 어려움을 느끼게 되는 것이 실질역량에 도달하지 못해서이다.

설득력 역시 내가 '어떻게' 설득하는 타입인지의 그 '어떻게'가 본인의 실질적인 역량이다.

친화력도 그저 '친화력이 있다'로 끝내면 안 되고, 나는 '어떻게' 사람과 친해지는지, 혹은 나는 '어떤 사람'이라 사람들이 좋아해주는지, 이런 부분을 잘 적어야 실질적인 역량을 서술할 수 있다.

상황대처력, 문제해결력, 갈등조정력도 마찬가지이다. 전부 내가 '어떻게' 해결한다, 대처한다. 조정했다 등 실질적인 역량으로 들어가야 한다.

여러분들은 역량이나 성격을 작성할 때 특히 어려움을 느끼고 글이 붕붕 뜨는 느낌을 받았을 것이다. 실질적인 역량을 찾지 못했기 때문이다. 이제 그렇지 말자. 실질적인 역량을 찾자.

역량분석 꿀팁

❶ 자기소개서에 역량을 반영하기 어려움을 느낀다면, 그것은 상위역량에 머무르고 있기 때문일 가능성이 높다. 한 단계 아래로 내려가서 실질적인 역량을 찾아야 한다.

❷ 실질적인 역량을 찾는 방법은 인터뷰를 더 자세히 보고, 현직자에게 더 자세히 묻는 방법이 있다. 그리고 그것을 자신이 가진 역량에 대입해 보고 자기소개서에 반영한다. 그렇다면 아주 현실적이지만 본인에게 매우 Fit된 자기소개서가 만들어질 수 있을 것이다.

역량과 경험, 자소서 질문의 1:1:1 매칭

자기소개서 작성의 접근법

자기소개서를 쓸 때 접근법에는 크게 두 가지가 있다. 첫 번째는 직무에서 필요한 역량과 성격을 뽑아낸 후, 그에 맞는 경험을 뽑아내는 방법이다. 이 방법의 경우, 직무에 대한 공부가 선행되어야 하는데, 앞서 말했던 직무분석 공부법을 통해 역량 및 성격 5가지를 뽑아내는 과정이 바로 이 첫 번째 방법을 위함이었다.

두 번째는 지원자의 경험을 쭉 정리하게 한 후 그것에 필요 직무역량을 맞추게 하는 것이다. 아마 취업 컨설턴트들에게 컨설팅을 받거나, 아니면 취업 캠프를 가거나, 그게 아니면 취업 유튜브나 블로그 같은데서 종이에 기간별로 쭉 경험을 정리해놓는 경험 정리법을 한번쯤은 본 적이 있을 것이다. PART 1에서 소개한 스토리 구조도가 그 적절한 예이다.

이 두 접근법에는 각각 장단점이 존재한다.

첫 번째인 역량과 성격을 뽑아낸 후 그에 맞춰 경험을 뽑아내는 방법을 먼저 보자면, 장점은 역량과 성격을 직무에 맞춰 잘 뽑아내기만 했다면 아무래도 직무에 더 잘 맞는 글을 쓰기가 수월하다는 장점이 있다. 이미 내가 어떤 말을 해야 할지 정해놓았기 때문에 글의 방향성도 명확하다.

반면에 단점은 본인이 가지고 있지 않거나 좀 맞지않는 역량임에도 불구하고 억지로 선택해서 글을 쓰게 될 수 있다는 점이다. 직무공부를 통해서 해당직무에 중요하다고 나온 역량이 있다면, 왠지 쓰고 싶어지게 되고, 그래서 인생에 한 번 정도 경험했던 일을 가지고 역량에 끼워 맞춰 쓰게 되어버릴 수도 있다.

예를 들어 본인은 그렇게 친화력이 뛰어나지는 않은 편인 것을 잘 알고 있지만 직무공부를 하며 친화력이 해당직무에 중요한 것을 알게 되었다고 가정해보자. 그러면 인생에 한 번 정도 친화력있는 행동을 했던 것을 떠올리며 그 경험을 서술하면서 본인이 친화력을 가진 사람인양 쓰게 된다는 것이다. 이것은 본인을 제대로 표현하는 자기소개서가 아니다.

두 번째인 경험을 먼저 정리한 후 직무역량에 맞추는 방법의 장점은 경험을 쭉 써놓고 자기소개서를 접근하다보니 활용할 경험이 많아 자기소개서를 쓰기가 수월하다는 점이다. 아무래도 그래서 이렇게 시작하게끔 유도하는 컨설턴트가 많기도 하다.

하지만 단점도 존재하는데, 우선 자기소개서든 면접에서든 자꾸 모든 것에 경험을 욱여넣어 말하게 되는 소위 '경험병'에 걸리기 쉽다는 것과 경험에 집착한 나머지 진정한 자신의 모습을 지나치게 될 우려가 있다는 점에 있다.

보통 경험 정리를 먼저 시작한 이들은 자기소개서에 자신이 경험한 최고의 경험들만 주르륵 배치하려는 경향을 보인다. 그런데 자신을 진짜 표현하는 것은 경험의 크기에 있지 않다. 작은 경험, 별 볼일 없다고 느껴지는 경험일지라도 내가 배우고 느낀 것이 있다면 그것이 좋은 경험인데, 경험 정리를 하게 되면 그 진리를 놓치게 된다.

두 접근법을 섞어 쓰면서 각각의 장단점을 보완해야 하며, 그 이전에 본인이 누구인지, 본인은 어떤 사람인지, 이런 기초적인 물음을 던지면서 스스로에 대해 탐색하는 시간도 필요하다. 온전히 '나'에 집중하면서, 어떤 순간에 내 가치관이 변하게 되었는지, 주변 사람들은 나를 어떻게 생각해주는지, 내 성격이 언제부터 만들어진 것 같은지, 이유는 뭔지, 이런 진한 고민들을 해보는 것이다. 사실 이 방법은 시간이 오래 걸리며, 자소서에 결국은 담지 못할 소재들만 발굴해내는 것에 그칠 수 있다. 하지만 어쨌든 우리가 쓰고자 하는 건 '자기'소개서 아닌가. 나를 모르고서는 그것이 제대로 만들어지지 못한다. 이런 과정들 속에서 자기소개서를 쓸 수 있는 기초가 만들어지게 되는 것이다.

역량:경험:자소서 질문의 1:1:1 매칭이란?

앞서 글에서 직무에 필요한 역량 및 성격과 본인의 경험을 뽑아내는 방법에 대해서는 간단히 설명했다. 이제부터는 1:1:1 매칭에 대해 예시를 들어 설명해보겠다. 아래는 경영기획팀에 지원하는 취준생 A의 상황이다.

〈취준생 A의 직무역량/경험/자소서 질문 정리〉

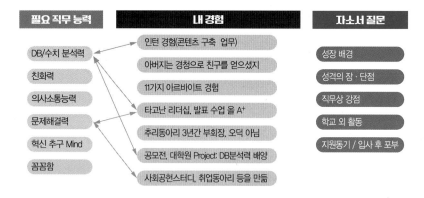

우선 경영기획직무에 필요한 역량과 성격 중에 A가 가지고 있다고 느끼는 것을 쭉 정리한 것은 위와 같다. DB/수치분석력, 친화력, 의사소통능력, 문제해결력, 혁신 추구 마인드, 꼼꼼함 이렇게 6가지다.

그리고 본인의 경험을 이리저리 정리하면서 나온 경험들은 7개이다. 그런데 이렇게 직무역량과 내 경험들을 정리하다보면 한 가지 느껴지는 것이 있을 것이다. 그것은 하나의 역량과 하나의 경험이 매칭되는 것이 아니라, 하나의 역량을 여러 경험으로 보여줄 수도 있고, 반대로 하나의 경험으로 여러 역량을 말할 수 있다는 것이다. 이것을 느꼈다면 일단 위처럼 화살표로 이어보자.

예를 들어 A는 DB/수치분석력을 인턴경험, 발표수업 중 몇 개의 경험, 공모전 및 대학원 Project 등으로 말할 수 있다. 또한 문제해결력은 발표수업 중 몇 개의 경험, 그리고 사회공헌 스터디나 취업동아리 등에서의 경험으로 풀어낼 수 있다. 여기까지 본인의 모든 역량과 경험을 쭉쭉 이어놨다고 가정해보자. 아마 거미줄처럼 얽혀있게 될 것이다.

그 상황에서 이제 내가 써야할 회사의 자기소개서 질문을 보자. 지금 예시에는 조금 90년대스럽긴 하지만 어쨌든, 성장배경, 성격의 장단점, 직무상강점, 교외활동, 지원동기 및 입사 후 포부 이렇게 5가지의 질문이 있다. 이제 우리가 해야 할 일은 단순하다. 이번 챕터의 제목처럼 1:1:1 매칭이 되게 뿌리는 것이다. 뭘 한다고? 뿌린다고!

나의 역량 하나가 나의 경험 하나로 이어지고, 그것이 자기소개서 질문 하나에 들어가게 뿌리는 것이다. 예를 들어보면 다음 자료와 같다.

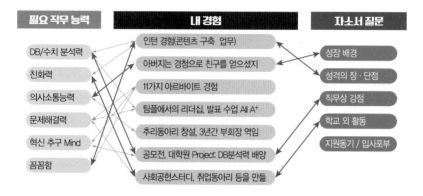

〈취준생 A씨의 직무역량/경험/자소서질문 1:1:1 매칭 상황〉

필요 직무 능력
- DB/수치 분석력
- 친화력
- 의사소통능력
- 문제해결력
- 혁신 추구 Mind
- 꼼꼼함

내 경험
- 인턴 경험(콘텐츠 구축 업무)
- 아버지는 경청으로 친구를 얻으셨지
- 11가지 아르바이트 경험
- 팀플에서의 리더십, 발표 수업 All A⁺
- 추리동아리 창설, 3년간 부회장 역임
- 공모전, 대학원 Project: DB분석력 배양
- 사회공헌스터디, 취업동아리 등을 만듦

자소서 질문
- 성장 배경
- 성격의 장·단점
- 직무상 강점
- 학교 외 활동
- 지원동기 / 입사포부

질문 중 성장배경을 보면, 그것은 '아버지가 경청으로 친구를 얻으신 것을 본 경험'과 매칭되고, 그것으로 말할 수 있는 직무 역량은 의사소통력이다. 성격의 장단점은 인턴경험을 사용할 것이고 꼼꼼함을 역량으로 말하려 한다. 직무상 강점은 공모전이나 대학원 프로젝트 경험을 사용하고, DB/수치분석력을 어필할 것이다. 교외활동은 동아리나 스터디 경험을 사용해서 친화력을 풀어내겠다.

이렇게 지원동기와 입사 후 포부를 제외한 4가지 질문에 하나의 경험, 하나의 역량을 각각 1:1:1로 매칭시켜 보았다. 이렇게 하는 이유가 무엇일까?

① 우선 지원자가 직무 역량을 잘만 꼽았다면, 이렇게 질문 4~5개에 꼼꼼히 배치된 역량들이 시너지를 일으켜, 지원자를 그 직무에 잘 어울리는 사람으로 만들어줄 수 있다.

② 글에서 경험이 서로 중복이 되어있지 않기 때문에 지원자의 다양한 모습을 볼 수 있다. 이것은 글을 보는 사람 입장에서는 흥미로움을 배가시킨다.

특히 ②번은 여러분들이 자기소개서를 쓸 때 많이 하는 실수를 방지해 주는 매우 중요한 장점이다. 통상 평범한 삶을 살아온 25세 남짓의 여성, 27세 남짓의 남성은 사실 자기소개서에 쓸 경험이 풍족하지 못하다. 그러다보니 인턴 경험이나 해외유학 경험 같은 것을 자기소개서에 2개씩 배치하는 악수를 두게 된다. 하지만 인사팀이나 현직자들은 글로만 지원자를 판단한다. 끽해야 1년 남짓 있었던 해외유학이나, 길어야 6개월인 인턴이 본인의 인생의 2/5나 2/4만큼의 가치가 있는가? 여러분에겐 딱 4개나 5개의 글이 주어진다. 그러기에 한 경험을 2개 이상의 글에 쓰면 그만큼 기회를 날리게 되는 일이다.

사실 1:1:1 매칭은 굳이 이렇게 하려고 마음먹은 사람이 아니더라도 20~30개 이상의 자기소개서를 쓰고 난 뒤라면 예전 자기소개서를 뒤적거리면서 일명 '복붙'을 하다 보면 자연스레 터득하게 되는 비법이기도 하다.

하지만 조금 더 체계적인 방법으로 미리 매칭을 할 수 있게 준비해놓는다면 훨씬 근사하게 본인을 표현할 수 있다. 시간을 절약하면서 똑똑하게 쓰는 법, 그것이 바로 1:1:1 매칭법이다.

직무역량 분석 꿀팁

❶ 직무역량을 공부하며 접근하는 방법, 그리고 경험을 정리하며 접근하는 방법은 각각의 장단이 존재한다. 이를 막기 위해서는 결국 양쪽 다 해보며 경험과 역량을 최대한 풍성하게 만들어야 하며, 그 이전에 '나는 누구인가' 같은 원초적인 질문을 던지며, '나'에서부터 시작해보자.

❷ 역량:경험:자소서질문=1:1:1 매칭으로 다양한 역량과 경험을 보여 주자.

❸ 자기소개서의 4~5가지 질문에서 다양한 내 모습을 온전히 표현해내는 것, 그것이 자기소개서의 핵심이다. 그러므로 경험도, 역량도 다양하게 뿌려야 한다.

Chapter 05

입사 후 포부, 제대로 된 직무분석으로 접근하기

취업준비생이 어려워하는 질문 No.1과 No.2

취준생이 가장 어려워하는 자기소개서 항목이 있다면 첫 번째는 지원동기이다. 많은 시간을 소요하게 하면서도 만족할만한 답을 내기는 쉽지 않은 질문이다. 파트 2에서 지원동기에 대해 상세히 안내한 이유이기도 하다.

두 번째로 어려워하는 항목은 2018년 이후 급격히 늘어나고 있는 **회사에 관련된 전략**에 관한 항목이다. 내용을 서술하는 것이 어려울 수도 있지만, 회사나 직무에 맞춰서 잘 쓴 것인지 취업준비생 입장에서 파악하기 어렵다는 점과 일단 '복사+붙여넣기'가 불가능하고 기업분석이나 산업분석을 선행해야 하기에 시간이 많이 부족하다는 부분에서 특히 어려움을 느낀다.

EX 🔍 **자소서 항목 중 회사와 관련된 전략 예시**

한국남동발전(2021년 상반기)
② 국내외 에너지산업 및 남동발전의 사업환경 분석을 통해 남동발전이 나아가야 할 목표 및 목표달성을 위한 전략을 제시하고, 그렇게 제시한 이유를 구체적으로 기술해 주십시오.(1400byte 이상, 1600byte 이하)

신용보증기금(2021년 상반기)

– 중략 – 한국경제는 4차 산업혁명에 따른 디지털 경제로의 전환이 가속화되며 산업 간 융복합 등 경제구조의 변화가 이어지고 있는 상황으로, 이에 대응하기 위해 여러 기관에 산재된 다양한 기업 및 산업 관련 데이터를 통합하여 관리하고 시중에 공급하는 플랫폼을 구축할 필요성이 대두되고 있는 상황입니다. 향후 효율적 자금지원과 선제적 리스크관리를 추진하기 위한 기업금융 플랫폼이 구축될 경우, 다양한 금융 기관 가운데 신용보증기금이 수행할 수 있는 역할을 단기적(현재 역할 중심) 및 장기적(역할 확장)으로 구분하여 구체적으로 제시하여 주십시오.(500자 이상 1,500자 이내)

한국무역협회(2021년 상반기)

4. 한국무역협회의 가장 중요한 기능은 무역업계 지원입니다. 최근 코로나19 확산으로 인한 언택트환경에서 무역업계를 지원하기 위해 협회가 할 수 있는 일을 제시하시오.(1,000자)

IBM(2021년 상반기)

4. 포스트 코로나 시대가 도래함에 따라 기업들은 이전과는 다른 방식의 Digital Transformation을 통하여 성장 모멘텀을 가져야 합니다. 지원자 본인이 관심을 가지고 있는 국내외 기업을 선정하여 해당 기업이 추진할 수 있을만한 Digital Transformation의 방향성과 이유에 대하여 작성해 주세요.(1,000자)

신티에스 인턴(2021년 상반기)

4. 신티에스는 도전적인 투자와 끈임없는 혁신으로 연평균 성장률 30%대의 성장세를 이오고 있습니다. 회사가 지속적으로 도약하기 위해 어떠한 노력을 기울여야 하는지 의견을 제안해 주시기 바랍니다.(2,000자)

5. 자전거 의류브랜드 NSR을 세계 최고의 브랜드로 만들기 위해서는 회사가 어떠한 노력을 중점적으로 기울여야 하는지 의견을 제안해 주시기 바랍니다.(2,000자)

기아자동차(2021년 상반기)

Q3. 4차 산업혁명, 자율 주행 등 자동차 산업 미래 환경 고려 시 향후 기아자동차가 집중해야 할 전략(모빌리티 서비스 등)에 대해 본인의 의견을 제시해 주시기 바랍니다.(700자)

현대홈쇼핑(2020년 하반기)

6. 평소 현대홈쇼핑(TV 방송/Hmall)을 이용하며 느꼈던 장단점을 제시하고, 현대홈쇼핑의 경쟁력을 제고할 수 있는 아이디어를 제시하시오.(1,000자)

IBM 질문 같은 경우에는 평소에 DT에 관심이 없던 사람이라면 단어조차 생소할 가능성이 높기 때문에 저 문항 하나만 제대로 작성하는데 반나절 이상이 소모될 가능성이 다분하다. 마찬가지로 실무를 제대로 경험해보지 않는 학생들에게 신용보증기금의 말도 안 되는 질문과 한국무역협회의 언택트 상황에서의 지원 업무 같은 것을 제시하라고 하는 것은 너무 가혹하다. 솔직히 말하면 중고신입과 같은 경력자들만 제대로 쓸 수 있는 문항이라고 본다.

회사 입장에서는 논리적이고 좋은 답변, 그리고 회사나 산업군에 관심 있는 취업준비생을 뽑는 것에 의의를 두겠지만, 사실 취업준비생 입장에서는 이렇게 난이도가 있는 질문을 만나면 지원 자체를 꺼리게 된다. 그리고 필자 개인적으로는 매우 화가 나는 질문이기도 하다.

해당하는 질문에 대해서는 따로 답변을 달기엔 글의 방향성이 벗어나기에 이정도로만 서술하고 이제 입사 후 포부에 대해 이야기해보겠다.

취업준비생이 어려워하는 질문 No 3. 입사 후 포부

취업준비생들이 어려워하는 질문 중 3위에 해당하는 것이 바로 '입사 후 포부' 항목이다. '입사 후 포부' 항목은 패턴이 여러 가지로 나뉘지만 결국 묻고자 하는 바는 동일하다. 먼저, 입사 후 이루고 싶은 꿈, 아니면 입사 후 포부를 묻는 문항이 있다. 롯데그룹 같은 경우에는 입사 후 3년, 5년, 8년 시나리오를 세우라는 문항이 있다. 한국가스공사의 경우, 2021년 상반기에 입사 후 실천할 목표나 자기계발 계획을 묻는 문항도 있었다. 그리고 꽤 많은 회사에서는 지원동기와 입사 후 포부를 함께 묻기도 한다.

결론적으로 **앞으로 회사에서 지원자가 할 수 있는 일이나 목표, 꿈이 무엇인지를 묻는 문항**인데, 이것이 어렵게 느껴지는 것은 역시 취업준비생들이 실무를 경험해보지 않았기 때문이다. 실무를 안다면 조금 더 편하게 쓸 수 있을 글이지만, 내가 무엇을 하는지도 구체적으로 모르는데 어떻게 쉽게 쓸 수 있으랴. 그래서 입사 후 포부를 제대로 쓰기는 항상 어렵고, 제대로 쓰려면 회사에 대한 이야기와 직무에 관한 고민이 녹아들어야 하기 때문에 상당히 난이도가 높은 질문이라고 할 수 있다.

입사 후 포부, 회사와 취업준비생의 괴리

우선 입사 후 포부에서 회사가 궁금한 내용은 단순히 말하면 '앞으로 당신이 회사에 줄 수 있는 이익이 무엇인가?'가 아닐까 한다. 그런데 회사나 자기소개서를 검사하는 인사팀은 현재 자신의 회사나 산업군의 현황도 잘 알고 있고, 무엇보다도 취업준비생들이 들어가서 일하게 될 팀의 상황이나 업무 R&R도 더 자세히 알고 있는 상황이다.

이렇게 상황도 모르고 실무도 모르는 취업준비생의 입장이 훨씬 불리한 상황에서 입사 후 포부를 작성하다보니 내용은 항상 '여차저차 해서 전략적 마케터가 되겠다.'는 아주 선언적인 발언이 되어버리거나, '선배들을 잘 따르며 예쁨받고, 후배들을 잘 가르치는' 같은 매우 재미없고 평이한 내용이 되기가 일쑤다.

그렇다면 이렇게 회사에서 궁금한 내용과 취업준비생의 일반적인 작성 내용 사이의 괴리를 해결하려면 어떻게 해야 할까?

입사 후 포부 잘 쓰는 방법

회사와 취업준비생 사이의 괴리가 발생하는 것은 바로 정보력의 차이에서 비롯된다. 다시 말하면 취업준비생은 자신이 불리한 전장에서 싸우고 있는 병사나 다름없다.

이것을 해결할 방법은 첫 번째로 상대와 정보력을 비슷한 상황으로 만들고 싸우던지, 아니면 두 번째로 내가 자신 있는 전장에서 싸우는 방법이 있다.

상대와 정보력을 맞춘다는 것이 바로 '직무분석'에 관련된 얘기다. 물론 최상의 상황을 만들기 위해서는 산업군도 분석해야하고, 기업도 분석해야하고, 특히 '그 기업이 가진 고민'이 무엇인지를 긴 시간에 걸쳐 고민해본 후 내가 지원할 직무에서 그 고민을 어떻게 해결할 수 있는지를 분석해보는 것이 맞다. 하지만 모든 기업을 그렇게 대처하기에는 절대적으로 시간이 부족하며, 또한 외부에서 알 수 있는 정보력은 한계가 있다. 그러므로 우리가 할 수 있는 최상의 방법은 '직무분석'을 완벽히 하여 그 직무에 대한 이야기만큼은 현직자가 무시하지 못할 수준으로 만드는 것이다. 즉, 앞서 말했던 직무분석 공부법을 통해서 공부했던 내용을 입사 후 포부에 하나씩 반영해보는 것이다.

두 번째, 내가 자신 있는 전장에서 싸우는 방법은 다음과 같다. 입사 후 포부를 자신도 잘 모르는 상황에서 너무 거창하게 쓰는 것이 아니라, 직무에 맞게 '내가 지금 당장에라도 할 수 있을 만한 일'을 제시하라는 것이다. 즉, 회사나 산업은 모르지만 '나'는 제대로 아니까, 내 성격과 역량에 맞는 일을 제시하는 것이 중요하다.

정리하면, 앞서 말한 직무분석을 통해 내가 그 회사에서 해야 할 일을 어느 정도 인지해놓은 상태에서, 내 역량과 성격에 맞춰 그것을 정말 소프트한 일이라도 명확하게 제시할 수 있다면 그것이 좋은 입사 후 포부가 될 수 있다.

❶ **인사 직무 지원자**
구직자가 우리 회사의 평판을 좌우한다는 마음을 항상 갖고, 신입사원이나 경력사원 채용 시 항상 최선의 서비스를 제공하는 담당자가 되겠습니다. 문자 하나, 안내 한 번을 할 때에도 서비스 마인드를 잊지 않도록 노력하겠습니다.

❷ **해외영업 직무 지원자**
고객사 담당자는 제 행동을 통해 우리 회사를 판단하게 됩니다. 그렇기에 해외 바이어에게 동방예의지국의 진수를 보여주는 해외영업이 되는 것이 목표입니다.

❸ **재무 직무 지원자**
저는 인내심이 강한 사람입니다. 그러기에 사업팀의 반복되는 실수나 질문도 항상 웃으며 넘기고, 처음 말할 때의 친절함을 잃지 않을 수 있습니다. 이러한 친절함을 통해서 실무선에서의 작은 실수가 사업에 영향을 주지 않도록 항상 문의하기 편한 재무팀을 만들어 나가겠습니다.

직무에 대한 치열한 고민을 통해 직무에 맞춘 글이어야 하며, 별 것 아니기에 지금 내가 당장 할 수도 있는 일, 그렇지만 내 성격이나 역량이 드러날 수 있는 내용으로 작성하는 것이 좋다. 글은 쉽게 읽힐 수 있지만, 사실 만드는 데 오랜 직무분석이 필요한 글이긴 하다. 하지만 한 번 만들어 놓는다면 같은 직무를 넣는다는 전제하에서 '복사+붙여넣기'가 가능하기 때문에, 한 번만 제대로 몇 가지 패턴을 만들어 놓으면 된다.

더불어 한 가지 팁이 있다면, 꼭 직무에만 맞는 것이 아니라 '사회생활'이나 '회사생활'을 잘한다는 느낌을 주는 주제도 상관없다. 어차피 500자만 넘어가도 2가지 이상의 소재를 배치하게 되는데, 한 가지 정도는 자신의 성격에 관련된 사항을 넣는 것이다.

예를 들어 "지각을 절대하지 않는 성실성을 가졌기에, 전날 늦게까지 회식하더라도 아침에 일찍 출근해서 선배 책상에 컨디션 놓는 신입사원이 되겠다." 같은 것이다. 성실성과 함께 선배를 챙기는 센스(라고 말하고 굽신 및 아양이라고 읽는다)를 강조한 글이다. 이렇게 성격적인 측면 등을 강조해도 충분히 되는 것이 입사 후 포부임을 잊지 말자. 너무 어렵게 생각하지 않았으면 한다.

Bridge 문장의 중요성

다만 한 가지 문제가 있다. 입사 후 포부 항목의 질문도 매우 다양한데 뜬금없이 직무나 성격에 대한 내용을 작성하기에는 무리가 있다. 그래서 서론부에 Bridge 문장을 배치하여 글이 자연스럽게 연결되게 만들어 줘야 한다.

입사 후 포부 항목에 배정된 분량에 따라 소재를 2개 정도 나열하면서 글을 구성할 때 직무를 통해 이루고 싶은 최종 목표나 직업관 등을 풀어나가는 Bridge 문장을 글의 초반에 만들어야 한다. 다음의 예시를 살펴보자.

EX 🔍 **입사 후 포부 예시**

1. **글자 수** : 497자/500자

2. **역량/성격** : ① 성장의지 ② 고객지향적 태도

3. **쓸 수 있는 곳** : 제약회사, 조금 변형하여 B2B 수주 회사 등도 가능

[영업에 중요한 것은 전문성과 TPO]

영업인은 판매하는 제품에 있어 전문성을 지녀야하며, 사람과의 만남에 두려움이 없어야 한다고 생각하고 있습니다. 저는 입사 후 구체적으로 두 가지 목표를 이뤄내며, 성공하는 영업인이 되고 싶습니다.

첫째, 남들보다 더 일찍, 더 늦게, 더 많이 공부하며, 제약에 대한 이해도를 가장 빠르게 높이고 싶습니다. 저는 하루라도 빨리 고객들과 가벼운 대화에서 전문적 대화에 이르기까지 폭넓게 나눌 수 있는 사원이 되고싶습니다. 제 오뚜기 근성과 끈기로 빠르게 공부하고 익혀서 연차 +1년의 영업사원의 느낌을 고객에게 주는 것이 제 목표입니다.

둘째, TPO를 아는 영업사원이 되겠습니다. 무작정 찾아가는 것이 아니라, 기념일 때는 카톡 선물하기로, 피곤에 지친 시간에는 마카롱을 들고 방문하기로, 여러 센스를 총동원하여 자연스레 고객 곁에 스며들겠습니다. 그를 위해 고객들과 열심히 대화하고, 선배들에게 물어가며 고객의 취향 파악에 힘쓰겠습니다.

여기서 첫 번째 서술된 영업인에 대한 이야기가 바로 Bridge 문장이다. 그 문장을 통해 자연스레 두 가지 목표를 말할 것이라고 서론부를 끌어갈 수 있었고, 그 뒤에 바로 첫째, 둘째 등 앞서 말한 직무에 맞춘 내용을 서술해낼 수 있었다. 이렇게 자신만의 Bridge 문장을 미리 만들어놓자.

입사 후 포부는 한번만 만들어놓으면 복붙이 가능한 쉬운 질문이다. 이제

까지 그것이 되지 않았다면, 그 이유는 역시 직무분석으로 접근하지 않았기 때문일 것이다.

회사나 산업은 정말 많이 있지만, 직무는 아주 크게 바뀌지 않는다. 우리는 자기소개서를 효율적으로 써야하기 때문에, 이러한 세팅이 모든 회사들에 100% 맞지는 않을지라도, 적어도 효율성 측면에서는 최상이라고 권할 수 있다. 한번 따라서 만들어보자.

입사 후 포부 작성 꿀팁

❶ 입사 후 포부는 직무분석을 한 후, 그 직무에 맞게 '내가 당장이라도 할 수 있을 만한 일'을 서술하는 것이 핵심이다.

❷ 그것을 서술하면서 직무에 맞는 성격/역량이 드러나면 좋다. 하지만 꼭 드러나지 않아도 되며, 그냥 성격 같은 것을 어필하며 '사회생활'을 잘한다는 느낌만 줘도 대성공이다.

❸ 주장하는 바를 자연스레 연결시키기 위한 Bridge 문장을 만들어야 한다. 그리고 두 개 정도의 직무나 성격 내용을 배치한다. 그리고 복붙하자. 무한복붙.

PART

04

한 시간 만에 쓰는
자기소개서 작성법

**누가 봐도 뽑고 싶은
인문계 자소서**

Chapter 01

평가자가 두 번 읽게 만드는 문과생 자소서 전략

가장 기본적이지만 많은 문과생이 실수하는 문장 구성이다. 내용을 구성할 때 서론 - 본론 - 결론을 짜임새 있게 구성해야 좋은 평가를 받을 수 있지만, 많은 문과생이 작성한 자기소개서를 읽어 보면 지나치게 서론에 치우친 경우가 많다. 다음에 제시된 자기소개서를 살펴보면 상황이 절반 이상을 차지하는 것을 알 수 있다. 이러한 자기소개서의 문제는 지원자의 행동이 불명확하고, 어떤 역량을 보여주려고 하는지 알 수가 없다는 것이다. 특히, 서론에서는 해당 항목에서 말하고자 하는 핵심 역량이 나와야 하지만, 나열로 인하여 집중을 받기 어렵다.

EX_1 🔍 서론이 반 이상 차지하는 자기소개서(50%)

팀원들과 호흡을 맞춰 경연에서 1등을 차지하였습니다. 경연 준비는 혼자 할 수 있는 수준이 아니었습니다. 팀과 함께 하는 프로젝트였기에 팀원들과 다양한 의견을 공유하고 함께 준비를 끝마쳐야 했습니다. 경연을 준비하며 제일 큰 애로사항은 팀원들과의 화합을 이끌어내는 것이었습니다. 다른 조들과 차별화를 주기 위해서는 실습 주요 대상인 20~30대에 맞춰 대본의 수정이 필요했습니다. 팀원들 모두 차별화를 줘야 한다는 점에서 동의하는 모습을 보여주었지만, 어떻게 차별화를 주어야 하는지에 대해서는 의견이 분분한 상황이었습니다.

"20~30대에 맞춰 대본을 수정하자."와 "역할연기를 통해서 모의 연습을 더 하자."라는 의견 대립 사이에서, 우리 팀은 두 가지 선택을 모두 하였습니다. 서로 편 가르기를 하며 관계가 망가지면, 결국 팀워크가 깨지기 때문이었습니다. 그 결과, 10명 중 6명은 타겟 층에 맞춰서 진행하였고, 나머지 4명은 모의 연습을 하면서 상대에게 전달하기 쉬운 말하기로 대본을 수정할 수 있었습니다. 그 결과 우리 팀은 타깃에 맞는 적절한 내용을 고객에게 쉽게 전달하며 경연에서 1등을 차지하게 되었습니다.

안정감 있고 완성도 높은 자기소개서를 작성하기 위해서는 서론을 최대한 줄여야 한다. 서류를 검토하는 사람들은 경험의 상황이 아니라 어떠한 과정을 통해서 문제를 해결하였는지, 근거는 무엇인지 등을 알고 싶어 한다. 하지만 지원자들은 구체적인 스토리를 적겠다는 이유로 가장 중요한 본론을 상세하게 적지 않는다. 이미 상황을 구체적으로 기술하다가 글자 수가 부족하거나 본론에 어떤 내용을 기술해야 하는지 제대로 알지 못하는 경우가 대부분이다.

따라서 자기소개서를 작성할 때는 무엇보다 본론이 서론과 결론보다 더 자세하게 작성되어야 한다. 그래서 '서론 10% : 본론 70% : 결론 20%'로 문장을 구성해서 자기소개서를 작성하면 기존에 하던 실수를 줄일 수 있다. 본론을 많이 적는 것에 부담감을 느낄 수도 있다. 하지만 문제를 파악하여 정확한 목표를 정하고, 원인과 분석 단계를 통해서 문제로부터 도출된 근본 원인을 효과적으로 해결할 수 있는 최적의 해결방안을 수립하는 단계를 기술하면 된다. 그리고 구체적인 실행계획을 통해서 문제를 해결해 나가는 모습을 적는다면 지원자의 문제해결 절차를 엿볼 수 있다.

1 : 7 : 2
서론 ' 본론 ' 결론

다음의 예시는 앞서 제시된 것보다 상황이 절반으로 줄어든 것을 확인할 수 있다. 그리고 팀원의 역량을 파악해서 문제를 해결하였고, 팀워크를 유지하는 구체적인 기준이 무엇이었는지 본론에서 확인할 수 있다. 하지만, '서론 10% : 본론 70% : 결론 20%'와 비교하면 아직 부족하다.

팀원들과 호흡을 맞춰 'KB생명보험'을 주제로 영상을 제작하라는 과제에서 1등을 차지했습니다. 팀과 함께 하는 프로젝트였기에 팀원들과 다양한 의견을 공유하고 함께 준비를 끝마쳐야 했습니다. 다른 팀들과 차별화를 줘야 한다는 점은 모두 동의했지만 어떻게 차별화를 주어야 하는지에 대해서는 의견이 다양했습니다.

회의 끝에 단순히 '보험', 'KB'에 초점을 맞추기보다는 'KB생명보험의 미래'를 주제로 인재의 중요성을 강조하는 동영상을 제작하기로 협의했습니다. 대본작성부터 역할극, 동영상편집까지의 다양한 업무를 빠른 시간에 끝마치기 위해서는 팀원들의 역량 파악이 최우선이었습니다. 10명의 팀원이 각자의 강점을 살릴 수 있도록 의견을 종합하여 역할을 배분했습니다. 또한, 영상을 제작하는 과정에서 의견 불일치가 있을 때마다 다수결로 의견을 조율해가며 팀워크를 유지했습니다. 이렇게 모두가 만족하는 결과물을 제작하기 위해 매 순간 협의하고 의논한 결과 1등이라는 결과물을 얻을 수 있었습니다.

끝으로 서론을 다음과 같이 10%까지 줄이면 확실한 차이를 비교할 수 있다. 기존보다 본론을 구체적으로 기술할 수 있는 만큼 어떤 생각으로 행동을 했는지, 결과를 끌어내기 위해 어떤 노력을 했는지 등을 더 상세하게 기술할 수 있다. 특히, 서론에서 핵심문장을 기술한 만큼 본론과 결론을 일관성 있게 작성할 수 있다.

EX_3 🔍 서론이 줄어든 자기소개서(10%)

효율적인 동영상 완성의 핵심은 팀원들과의 치밀한 업무분담이었습니다. 저희의 업무 효율성은 'ONE_DAY' 활용 방법이었습니다. 가장 좋았던 점은 팀 프로젝트에서 많이 발생하는 "이 업무는 네가 해줘, 나는 오늘 약속 있어."를 예방한 점입니다.

팀원들 각자 주제선정부터 대본작성, 역할극, 동영상 촬영 및 편집 등 맡은 업무에 대한 개인별 목표가 있었습니다. 단, 목표를 제대로 달성하지 못하면 핸디캡과 책임이 뒤따랐습니다. 이러한 적당한 압박감은 팀원들을 고무시켜 기존보다 과제 완성도를 높였습니다. 우리 팀이 진행한 "ONE-DAY 업무분담"은 쉽지 않았습니다. 팀원들의 업무 성향, 속도 등을 정확하게 확인하기란 사실상 불가능했습니다. 특히, 업무를 정확히 공평하게 나눌 수 없어 팀원 모두를 만족시키는 데 어려움을 겪었습니다. 그래서 저는 업무분담에 하루를 온전히 활용하여 팀원들의 특성을 정확히 파악한 후 업무 분배에 따른 책임과 억압을 정했습니다. 그래서 우리 팀이 만든 "KB 미래의 인재는 우리다." 동영상은 업무분담으로 이뤄낸 진정한 팀워크라고 할 수 있습니다.

이렇듯 차별화된 스토리텔링은 같은 경험이라도 어떻게 구성을 하는가에 따라서 크게 달라진다. 같은 경험이라도 지원자마다 해결방법이 다르고, 그 과정에서 배우고 느끼고 깨닫는 것이 다를 수 있다. 지금처럼 상황만을 기술한다면 지원자가 어떤 사람인지 제대로 보여주기 어려우니 최대한 구체적인 과정을 통해서 핵심 역량을 기술해야 한다.

Chapter 02 문과생 역량을 높이는 자소서 작성법

최근 자기소개서에서 가장 중요하게 다뤄지는 문항은 바로 '직무 역량'이다. 기업은 직무에 대해 정확히 이해하고 입사한 지원자가 실무적응도가 높고, 만족도 역시 높다는 이유로 문과생들의 직무 역량을 확인하고자 한다. 그러다 보니 많은 문과생이 직무에 대한 이해를 높이고자 돈을 내서라도 직무교육을 받고자 한다. 그런데 기업에서 원하는 직무 역량과 문과생이 생각하는 직무 역량과는 차이가 있다. 이를 이해하고 자기소개서를 작성할 수 있어야 역량을 강조할 수 있는 자기소개서를 작성할 수 있다. 그래서 이장에서는 문과생들이 많이 지원하는 직무 중 인사(HRM, HRD)를 통해서 직무 역량을 강조한 자기소개서 작성에 대한 기준을 제공하려고 한다.

만약 인사(HRM, HRD)를 꿈꾸는 취업준비생이라면 내가 지원한 직무가 어떤 일을 하는지 분명히 파악하고, 자신이 인사 직무를 수행 가능한 준비된 인재임을 반드시 보여야 한다. 이처럼 직무에 대한 이해를 바탕으로 작성된 자기소개서는 직무에 대한 충분한 이해와 경험 및 자신의 사고가 일목요연하게 작성될 때 읽는 이로 하여금 공감을 끌어낼 수 있다.

직무 역량 자기소개서에서 강조해야 할 핵심 포인트

인사에 가장 중요한 능력 중 한 가지가 커뮤니케이션이다. 그러다 보니 많은 문과생이 직무 역량을 묻는 자기소개서 문항에 커뮤니케이션을 많이 강조한다. 하지만 대부분은 커뮤니케이션이 필요한 구체적인 상황이나 이유를 고민하지 않는 편이다. 실제로 인사 직무에서 커뮤니케이션이 필요한 이유는 여러 가지이다. 만약에 내가 지원한 기업에서 맡아야 할 업무가 급여관리라면 어떤 커뮤니케이션이 필요할지에 대한 고민이 필요한 것이다. 그런데 무작정 "가교역할을 수행하겠습니다.", "저는 커뮤니케이션을 가지고 직원들의 이야기를 경청하겠습니다."라고 기술한다. 하지만, 실제로 나와야 하는 내용은 내가 다양한 경험을 통해서 직무에 대한 이해도가 있음을 보여주는 내용이어야 한다.

EX_1 🔍 인사 직무 예시

지원 직무	주요 과업	직무 역량	직무 수행 내용	관련 경험
인사(HRM)	급여관리	노동법	4대 보험, 연말정산, 건보료 변경 등	필요 교육 이수 및 아르바이트, 친구들 도와주기

법학을 전공했던 저는 대학교 1학년 때 노동법, 사회보장 기본법 등을 배우며 시행령, 시행규칙들을 숙지할 수 있었습니다. 이후에는 각종 아르바이트를 경험하면서 근로기준법, 연차, 시간 외 근무 등이 어떻게 적용되는지를 현장에서 알 수 있었습니다. 그러다 보니 자연스럽게 주변 친구들이 겪는 근무 중 부상, 급여 미지급 등에 조언을 해주면서 사람을 관리하고 이끄는 인사업무에 매력을 느껴 취업 준비를 하였습니다.

현재는 매년 변경되는 근로기준법을 이해하였으며, 급여테이블, 회사사규, 최근 인사 이슈 등 실무능력을 숙지하고자 노력해왔습니다. 특히, 최근 지원금 제도, 판례 등을 이해하면서 회사의 인건비를 줄이고, 근로자들과 문제가 발생했을 때 사측의 입장에서 업무 수행이 가능할 것으로 판단했습니다. 다른 어떤 지원자보다 '급여관리', '연월차관리', 4대 보험관리' 등 다양한 실무를 수행하면서 인사업무에 임할 자신이 있습니다.

이렇듯 주요 과업과 필요 역량을 어떻게 선정하는가에 따라서 내가 가진 경험을 직무 역량으로 연결할 수 있다. 아래 예시를 보면 같은 직무지만 주요 과업과 직무 역량에 따라서 직무수행내용과 관련 경험이 달라지는 것을 확인할 수 있다.

EX_2 🔍 인사 직무 예시

지원 직무	주요 과업	직무 역량	직무 수행 내용	관련 경험
인사(HRM)	채용관리	퇴사관리	퇴사 절차 수행, 퇴직금 정산, 퇴사율 관리 등	채용 및 제도 개선으로 동아리원 이탈 방지

동아리에서 채용 및 제도 개선으로 인사업무의 중요성을 이해했습니다. 2학년 때 있었던 가장 큰 문제점은 동아리원의 이탈이었습니다. 약 15명의 동아리원을 선발했지만, 2명의 이탈(1개월)을 시작으로 3개월 뒤에는 8명이 나오지 않았습니다. 원인을 파악하고자 이탈한 동아리원의 상담 일지를 확인한 바에 의하면, 아래 3가지가 85%를 차지하고 있었습니다.

[첫째, 모집공고와 실제 활동 사이의 차이점]

[둘째, 활동 과정에서 역량 부족으로 자신감 하락]

[셋째, OJT 설명으로는 빠르게 적응하기 어려운 점]

즉시, 기존 동아리원들과 신입 회원의 조기 적응과 만족도를 높여야 할 필요성을 공유했습니다. 이후 모집공고를 작년에도 있었던 활동 위주로 고치고, 1달간 멘토링 시스템을 적용하여 적응도와 자신감을 높이고자 노력했습니다. 그 결과 기존과 다르게 동아리원의 이탈이 줄어들었으며, 인사팀의 역할과 여러 제도가 임직원에게 어떤 영향을 주는지를 배울 수 있었습니다.

직무 역량 찾기, 핵심은 세부 역량

앞서 직무 수행 내용을 기반으로 자기소개서를 작성하였다면 직무 세부 역량을 선정해서 자기소개서를 기술할 수 있다. 여기서 세부 역량은 내가 선정한 직무 역량을 어떻게 성장시켜 왔는지와 이어진다. 그렇다면 문과생들이 가장 많이 넣는 직무 중 '마케터'를 통해서 세부 역량을 찾아보려고 한다. 마케터를 지원할 때 가장 많이 언급하는 역량 중 하나는 통찰력이다. 이때 통찰력을 강조하기 위해서 많은 문과생들은 무작정 공모전 참여, 프로젝트 진행 등의 경험을 기술한다.

하지만, 기업에서는 지원자가 통찰력을 키우기 위해서 어떤 노력을 하였는가를 알고 싶어 한다. 그 과정에서 자료 수집 능력, 분석 능력 등이 남들과 어떻게 다른지, 마케팅 안목이 있는지 등을 보고자 하는 것이다. 따라서 내가 지닌 통찰력을 깊게 고민했다면, 디지털 능력과 전략적 사고, 고객 커뮤니케이션, 정보 검색 능력 등 다양한 세부 역량을 강조할 수 있다. 이처럼 핵심 키워드를 제대로만 선정해도 마케터로서 직무역량의 방향을 정할 수 있다.

| EX 🔍 | **마케터 직무 예시** |

지원 직무	주요 과업	직무 역량	세부 역량	관련 경험
마케터	프로모션	통찰력	고객 커뮤니케이션	고객을 위한 새로운 제도 개선 또는 방향 제시

> 병원에서 일했을 때 환자의 상태를 좀 더 정밀하게 파악하기 위해 MRI 검사가 행해졌습니다. 하지만 높은 금액과 검사 후 발생하는 불편감을 이유로 거부하는 경우가 발생했습니다. 환자들의 입장에서 생각해보니 높은 금액은 프로모션을 진행하여 부담을 덜고, 검사 후 불편함을 해소할 수 있는 대안을 마련하면 검사에 응하는 비율이 높아질 것이라 예상했습니다.

먼저, 프로모션 비율을 정하기 위해 시장조사를 진행했습니다. 직접 다른 병원에 전화해 주변 병원의 MRI 금액과 프로모션 현황을 조사하였습니다. 그리고, 조사한 결과를 과장님에게 보고하고, 환자가 하루에 2부위 이상 MRI를 촬영하는 경우에 10만원 할인을 적용하기로 정했습니다. 또한 거동이 불편하거나, 고령의 환자의 경우에 검사 후 호소하는 불편감을 해소하기 위해 간호부와 협의하여 병실에서 쉴 수 있는 여건을 마련해 주어 사후관리에 더 집중했습니다. 그 결과 MRI 검사에 대한 환자들의 거부비율이 줄어들었으며, 우리 병원의 MRI 검사를 지인에게 추천하는 경우도 늘어났습니다. 프로모션에 따라서 변화를 준 부분이 크지 않음에도 불구하고 매출 및 고객 만족도 모두 크게 상승하는 것을 보며 문제 해결을 위해서는 고객의 소리를 귀담아듣고 피드백을 하는 것이 중요하다는 것을 깨닫게 되었습니다.

내용을 살펴보면 지원자의 프로모션 능력을 '고객 커뮤니케이션' 관점에서 확인할 수 있다. 이때 주의할 점은 자기소개서를 작성할 때 1차원적인 분석을 통해 스토리를 이어 가서는 안 된다는 것이다. 예를 들어 앞서 경험 중에 프로모션을 진행했다는 경험만 기술한다면 직무 역량을 강조할 수 없다. 이 안에서 나의 역할이 무엇이었는지, 프로모션을 진행한 근거는 무엇인지 등 지원자의 생각이 포함되어야 한다. 자신은 프로모션을 경험해서 역량이 있다 한다면 전혀 공감할 수 없다. 하지만, 자신만의 생각과 관점으로 핵심키워드와 연관성을 찾으면 작은 경험도 직무에 맞는 좋은 경험으로 재탄생할 수 있다.

즉, 누구나 경험했던 전공 수업, 아르바이트 등으로 마케팅 키워드에 맞는 자신만의 역량을 보여줄 수 있다. 인턴, 공모전 등과 같은 문과생이 생각하는 좋은 경험보다 자신의 관점이 무엇보다 중요하다는 것을 기억하자.

Chapter 03 눈에 띄고, 쉽게 쓰는 소제목 작성법

　많은 문과생이 자기소개서를 작성할 때 소제목을 작성한다. 그런데 막상 작성하는 이유를 물어보면 남들도 다 쓰니까 소제목을 작성한다는 응답이 가장 많다. 그만큼 소제목을 특별한 의도 없이 쓰는 지원자가 많다는 뜻이다. 그렇다면 소제목을 작성하는 진짜 이유는 무엇일까?

　인사담당자마다 소제목에 대해서 생각 차이는 있지만 공통적으로 하는 말이 있다. 그것은 자기소개서 소제목만 봐도 그 자소서가 잘 작성되었는지 아닌지를 바로 알 수 있다는 점이다. 이는 제목이 내용을 함축적으로 담고 있는 만큼 중요하다고 볼 수 있다. 그만큼 중요한 소제목인데, 막상 자기소개서를 작성하면서 소제목을 쓰려고 하면 생각이 나지 않는다. 사실 제목이 가장 작성하기 어렵지만, 몇 가지 중요사항만 기억하고 고민해서 쓴다면 좋은 평가를 받을 수 있다.

절대 쓰면 안 되는 소제목

소제목은 추상적이면서 포괄적인 내용으로 작성하지 않는 것이 좋다. 쉽게 말해서 내용과 상관없거나 두루뭉술한 단어를 사용하면 안 된다는 뜻이다. 포괄적이고 추상적인 소제목은 지원자가 어떤 의도를 보이는지 알 수 없어서 설득력이 없다. 아래 소제목은 추상적이고 포괄적으로 되어 있다. 막연하게 '세심함의 양면성'이라고 한다면 이 지원자가 어떤 세심함을 지녔는지 알 수가 없다. 서류를 검토하는 사람은 '깊게 생각하지 않았군.'이라고 판단이 서고 이는 곧 좋지 않은 점수로 이어질 것이다.

EX 🔍 **추상적인 소제목 예시**

[세심함의 양면성]
　단순한 문서의 작성은 물론, 자료의 수집과 분석에 있어서도 지엽적인 요소까지 놓치지 않는 세심함이 제 강점입니다. 그러나 이는 사소한 업무를 수행하게 되더라도 실수를 최소화하기 위해, 준비 단계에서부터 많은 시간을 투자한다는 단점으로 작용하기도 합니다. 이러한 단점을 인지한 이후로는, 정해진 업무 마감일보다 조금 빠르게 저만의 완료 목표일을 설정해두고 있습니다.

　또한, 전체적인 연간 일정을 함께 파악하여, 추후 하달될 업무를 미리 준비해두는 편입니다. 이와 같은 노력을 입사 후에도 이어가며, 불필요한 시간 낭비를 최소화할 수 있도록 하겠습니다.

이처럼 많은 지원자가 추상적인 표현을 쓰는 이유는 간단하다. 소제목을 쓰면서 깊은 고민을 하지 않기 때문이다. 소제목을 자세히, 구체적으로 작성하기 위해서는 그만큼 전체 내용을 포괄하거나 역량을 보여줄 수 있는 고민이 필요하다.

남들이 다 쓰는 무난한 소제목

수많은 지원자가 작성한 자기소개서를 보면 남들과 유사한 소제목을 더러 보게 된다. 이미 책상에는 천 명 이상의 지원자들이 작성한 자기소개서가 있는 만큼 인사담당자가 이를 모두 읽기에는 시간이 허락해주지 않는다. 그렇다면 수많은 자기소개서 중에 좋은 자기소개서를 어떻게 찾아낼까? 기관이나 사람에 따라서 차이는 있지만 많은 인사담당자가 소제목을 보고서 좋은 자기소개서를 골라내기도 한다.

이때 소제목은 뻔한 내용을 벗어나 인사담당자의 호기심을 끌어내야 외면받지 않는 자기소개서가 되는 것이다. 즉 소제목이 눈에 띄면 자기소개서도 눈에 띄는 것이다. 따라서 평범한 소제목이 아니라 지원자의 개성을 보여줄 수 있는 차별화된 소제목이 필요한 것이다. 아래의 내용을 살펴보면 누구나 기술하는 평범한 내용임을 알 수 있다. 분명, 지원자의 역량을 강조하면서 작성한 소제목이지만 하루에도 수백 개의 서류를 보는 인사담당자 입장에서는 평범한 소제목이라고 볼 수 있다.

EX 🔍 평범한 소제목 예시

[책임감을 다해서 이뤄낸 성과]

저는 별 측량 동아리 활동을 하면서 창립회, 교내 및 한강에서 진행한 야외 관측회 , 원거리관측회 등 다양한 활동 운영을 지원하였습니다. 동아리원들의 목표는 동아리 홍보를 통해 다양한 좋은 사람과의 만남의 기회를 마련하는 것과 동아리에 대한 애정과 자부심을 갖는 것이었습니다. 학업과 아르바이트를 병행하며 진행하였기에 서포터의 역할을 수행하였습니다.

보다 다양한 사람들을 만나고 싶어서 가입한 동아리였기에 같은 바람이 있는 친구들에게 동아리 소개와 가입을 권유하기도 하였습니다. 신입생들에게는 동기들을 소개하고 따로 후배들을 모아 밥을 사주며 겉도는 느낌이 들지 않도록 하였습니다. 맡은 임무와 기수에 상관없이 모두 함께 노력하여 동아리 활동 기간 내 회원 수 100명 대의 인기동아리로 자리매김할 수 있었습니다.

따라서 자신만의 소제목을 만들기 위해서는 자신만의 특징이 보일 수 있는 새로운 표현을 넣어야 한다. 그 과정에서 남들과 다른 소제목이 나오며, 좀 더 인사담당자의 눈을 사로잡을 수 있다.

누가 봐도 과장된 소제목

앞서 내용을 읽은 지원자라면 소제목은 무조건 인사담당자의 눈길을 사로잡아야 한다고 오해할 수 있다. 그러다 보면 눈에 띄는 데 집중한 나머지 무리하게 자극적인 문구로 소제목을 작성하기도 한다. 인터넷 기사 제목이나 광고 문구처럼 작성된 내용과 무관한 내용으로 소제목이 작성될 수도 있다. 여러분 또한 한 번쯤은 제목만 보고서 광고성 기사에 낚인 경험이 있을 것이다. 그럴 때 이게 뭐야? 하면서 뒤로 가기를 클릭하듯이 인사담당자도 똑같다. 내용은 별거 없는데 소제목만 화려하다면 좋은 평가를 받기는 어렵다는 점을 알아둬야 한다.

EX 🔍 **과장된 소제목 예시**

[본질의 공통분모]

　○○○○○ 센터는 국내 유일 민간인정기관으로, 국내에서는 인정업무를 수행하는 한편, 대외적으로는 우리 기업이 국내에서 받은 인증이 해외에서도 인정받을 수 있도록 해외 인정기관 및 국제기구와 협력하며 세계무역의 주역으로서 활약하고 있습니다. 신흥국과 선진국을 가리지 않고 실무 경험을 쌓아온 저는 이러한 한국인정센터의 본질적 역할, 그리고 그에 요구되는 역량과 명백한 공통분모를 가진 지원자이기에 지원하게 되었습니다.

　입사 후에는 ○○○○○ 센터의 일원으로서, 다음과 같이 능동적으로 관리원의 발전에 이바지하고자 합니다. 유관 국제기구 또는 단체와의 협력 및 다자간 상호인정협정의 업무지원 과정에서 작성되는 각종 대내외용 문서를 가시성 높게 작성하도록 하겠습니다. 저는 국제기구인 APTA(아시아-태평양 무역협정) 사무국에서 무역협정의 상임위원회 운영업무를 담당하며 초청장부터 의제 설정, 개회사 등 전달력 높은 자료를 만들었던 경험이 풍부합니다. 이를 바탕으로, 외부인과 내부인 모두를 대상으로 가시성 높은 문서 기반의 소통을 추구하겠습니다.

'본질의 공통분모'라는 소제목을 보면 무언가 있어 보이지만 전체 내용과 비교하면 과장된 소제목이란 점을 알 수 있다. 어떤 점이 공통분모인지, 공통분모를 통해서 어떤 의미가 있는지 자기소개서로는 알 수 없다는 점이 더 문제라고 볼 수 있다. 이처럼 제목만 거창한 속 빈 강정 느낌을 주는 소제목은 서류에서 끝까지 좋은 평가를 받기 어렵다는 점을 알아두기 바란다.

그렇다면 소제목을 어떻게 쓰면 좋은 평가를 받을 수 있을까? 크게 2가지를 기억하면 소제목을 작성할 때 좋은 평가를 받을 수 있다.

자기소개서 질문에 대한 답변과 관련된 소제목을 작성한다

두괄식으로 기술하고 중요 내용을 기준으로 작성하면 된다. 만약 어떤 전문성을 가지고 있냐고 물어보면 가지고 있는 전문성에 대해서 이야기하고, 입사 후 포부를 물어보면 포부를 말하면 된다. 이처럼 질문의 의도에 맞는 답을 하는 것이 가장 중요하다. 아래 예시처럼 질문의 의도에 맞게 꼭 어필하고 싶은 내용을 간결하게 요약한 소제목으로 써보자.

EX 🔍 간결하게 요약한 소제목 예시

Q 자신이 지원한 분야에서 뛰어난 전문가가 되기 위해 기울이고 있는 노력에 대해 구체적으로 작성해 주시기 바랍니다.

[다양한 행정 능력, 즉시 업무 수행]
2년 넘는 기간 동안 총무 업무를 보조하면서 다양한 공문서를 다루며 문서 작성 및 관리 능력을 향상하였으며, 직업 훈련 및 자격증 취득을 통해 재무제표를 해석할 수 있는 능력과 기업평가 및 회사의 각종 계획 수립에 활용할 수 있는 실무능력을 갖췄습니다. 저의 이러한 능력은 청년인턴으로서 행정 관련 업무 수행 시 효율적으로 활용할 수 있을 것으로 생각합니다. 구성원들이 본연의 업무를 원활하게 수행할 수 있도록 조직 내/외부에서 요청하거나 필요한 업무를 지원하고 관리하며, 기관의 경영목표를 달성하기 위해 효율적으로 자산을 관리하는 직무 수행에 적합하다고 생각하기 때문입니다.

전체 내용을 압축한 소제목을 작성해야 한다

소제목은 전체 문장을 유추하고, 앞으로 어떤 내용이 나올지 짐작할 수 있도록 글의 몰입도를 높여준다. 특히, 전체적인 내용을 함축적으로 보여줄 수 있어야 하며, 소제목만 읽어도 뒤의 내용을 충분히 짐작할 수 있어야 한다. 그런데 많은 문과생이 작성한 소제목을 보면 내용을 함축하기보다는 튀는 소제목을 기술하려고 한다. 아래 예시처럼 전체 내용을 포괄할 수 있는 내용으로 소제목으로 써보자.

EX 🔍 전체 내용을 압축한 소제목 예시

[새로운 업무인수인계서, 직접 만들어 신입 동료에게]

새로운 동료를 돕고자 사명감으로 임해 신입 동료의 빠른 적응을 끌어냈습니다. 당시 인사총무팀에서 두 명의 직원이 회장님과 대표이사님을 각각 전담으로 맡고 있었지만, 한 명의 직원이 갑자기 그만두면서 문제가 생겼습니다.

가장 큰 문제는 회장님을 전담하는 직원이 3번이나 변경되면서 전 근무자가 제대로 인수인계를 하지 않은 채로 갑작스럽게 나가 제가 직접 뒷수습을 해야 했습니다. 이때 제 업무는 아니었지만 새로운 직원이 조직에 잘 적응할 수 있도록 마감기한이 급한 업무부터 차근차근 도움을 주었습니다. 그리고 새로운 직원이 업무를 정확하게 숙지할 수 있도록 정리가 제대로 되어있지 않던 문서들을 검토하면서 찾기 쉽게 정리하여 직접 '업무인수인계서'를 작성해서 전달했습니다. 저의 이러한 노력으로 새로운 직원은 빨리 업무에 적응할 수 있었고, 업무를 수행하는 동안 어려움이 있을 때는 서로 협력하며 조직의 목표 달성에 앞장설 수 있었습니다.

그 외에는 거창하게 기술하기보다 핵심만 기술하는 것이 필요하다. 특히, 눈에 띄게 작성하기 위해서 사자성어, 격언, 속담, 한자 등을 사용하여 강조하는 소제목을 자주 볼 수 있는데 이는 오히려 좋지 못한 평가로 이어질 수 있다.

소제목에 정답은 없지만 쓰다 보면 방향성을 잡을 수 있다. 위에 언급된 내용 외에도 수치화시키기, 진정성 담기 등 여러 방법이 있지만 가장 중요한 것은 남들과는 다르지만 자기소개서 내용을 모두 담을 수 있는 소제목임을 기억하기 바란다.

Chapter 04

누가 봐도 뽑고 싶은
명품 자소서 작성법

자기소개서를 작성하는 방법은 인터넷, 유튜브, 책 등에서 다양하게 소개되고 있다. '가독성을 지켜라.', '차별화를 주어야 한다.', '과장을 해서는 안 된다.', '일관성 있게 작성해야 한다.' 등 전문가마다 자신만의 방법을 소개하고 있다. 이러한 작성방법 중에 틀린 방법은 없다. 내가 얼마나 적용할 수 있는지가 중요하다. 자기소개서는 입사하고자 하는 회사의 채용담당자에게 보여주는 첫인상으로, 내 역량과 경험을 효과적으로 어필할 수 있는 글이 되어야 한다. 이를 위해 노력하다 보면 간혹 자기소개서가 자소설로 변질되는 경우가 있지만, 그럴듯한 말로 꾸며낸 거짓말이 아니라 진정성과 솔직함을 담아야 한다는 의견에는 모두가 동의할 것이다.

그렇다면 수시채용이 급격하게 증가하고 있는 지금, 자기소개서는 어떤 내용을 강조해야 할까? 이 회사에 그리고 직무에 내가 꼭 필요한 사람이라는 것을 어떻게 설명해야 채용담당자를 납득시킬 수 있을까? 이 질문에 일치하는 자기소개서란 무엇일까? 물론 기업마다 자기소개서를 평가하는 평가 요소와 가중치를 두고 있는 부분은 다르다. 하지만 공통적으로 중요한 부분은 있다. 여기서는 많은 취업준비생들이 놓치는 기본 원칙에 대해 설명하고자 한다.

첫째, 질문 의도 파악, 직무역량을 행동으로 보여야

자기소개서에서 자주 등장하는 문항이 있다. 대표적으로 도전정신, 실패경험, 대인관계 등을 쓰는 문항으로 구직자는 자신의 경험을 바탕으로 작성해야 한다. 만약 '최근에 갈등을 해결한 경험에 대해 이야기해 보시오.'라는 문항이 주어졌다. 이때 문항의 의도는 설득, 협상 등을 통해 갈등을 해결하는 방법을 보기 위함이다. 따라서 이 문항에는 '자신의 역할에 최선을 다했는지', '적절한 대안이었는지', '해결 과정에서 또 다른 어려움은 없었는지', '결과는 만족하는지' 등의 내용을 써야 한다. 인사담당자는 이를 통해 지원자의 행동과 직무능력을 확인할 수 있다.

자기소개서에 실제 경험한 일을 바탕으로 솔직하게 답변하는 것이 가장 모범적인 답변이 될 것이다. 여러 자기소개서를 살펴보면 행동에 대한 설명보다 상황과 결과에 중점을 두고 작성된 것을 볼 수 있다. 자기소개서는 과거의 경험을 통해서 앞으로의 행동을 예측할 수 있게 해주는 것이다. 때문에 가장 중요하게 작성되어야 하는 것은 '행동'이다. 하지만 여전히 많은 구직자들은 문항에서 의도하는 행동을 보여주기보다 자신의 경험이 얼마나 큰 과업이었는지와 결과가 얼마나 좋았는지에만 중점을 둔다. 그러다 보니 매번 적을만한 경험이 없다는 이야기를 하면서 에피소드를 작위적으로 각색하여 자소설을 만든다. 하지만 이러한 소설은 서류를 무사히 통과할 수 있게 해줄지는 몰라도 면접에서는 반드시 진실이 드러나게 된다.

갈등해결 사례

Before

[명확한 근거와 공감 가능한 해결책 제시로 설득하다]

　상대가 걱정하는 부분을 해결해줄 수 있는 명확한 근거와 다른 팀원이 만족할 수 있는 대안을 제시해 소통하여 목표를 이룬 경험이 있습니다. 중소기업의 판로 개척을 지원하는 사업단 활동 당시, 기업과 협력하여 8개의 무역전시회에 참가했습니다. 이 과정에서 저와 일부 팀원은 더 많은 전시회 경험을 쌓고자 신규 전시회를 발굴하자는 의견을 냈습니다.

　반면 나머지 2명의 팀원은 추가 발굴과 관련한 규정 확인이 어렵고 전시회의 관리 및 참가일정 조정이 어렵다는 이유로 반대했습니다. 의견 충돌로 인해 향후 업무 진행에 차질이 발생할 수 있고, 갈등이 심화되면 팀이 와해될 수 있다는 마음에 설득하기 시작했습니다.

　우선, 관련 규정의 재해석을 통해 팀원들의 마음을 돌리고자 사업단 규정과 팀 내의 예산과 이전 기수 선배님들의 조언을 받아 대안을 제시했습니다. 이처럼 상대를 설득할 수 있었던 비결은 의견에 객관적인 근거를 제시하고, 우려점을 해소하는 대안을 제안하는 것이었습니다. 이로 인해 팀원들이 더 많은 전시회에 참여하여 국제 경험을 쌓게 되어 상호 Win-Win하는 결과를 이루었습니다.

After

[명확한 근거와 해결책 제시, 의견합치 이뤄내]

　상대가 반대하는 부분을 해소하기 위해서는 구체적인 근거가 필요합니다. 팀 회의에서 발생한 갈등인 '해외 전시회 추가 참여' 문제를 해소할 수 있었던 것은 정확한 계획을 요약한 문서 자료였습니다.

전시회 추가 참여를 위해 신규 협력기업의 발굴을 제안했지만, 일부 팀원이 반대했습니다. 그중 주요 반대 의견은 새롭게 기업을 설득하기에는 많은 시간이 필요하다는 점이었습니다.

저 또한 반대 의견이 어느 정도 타당성이 있다고 판단했고, 이를 해결하기 위해 구체적인 대안을 고민했습니다. 우선 신규 기업을 선정하기 위해 같은 전시회에 참여했던 중소기업으로 범위를 좁혔습니다. 사업단이 수행하던 업무를 현장에서 보았기 때문에, 설득이 쉬울 것이라는 판단에서였습니다. 나아가 사업단의 규정과 중소기업의 특징에 맞춰서 협약 시 혜택들을 고안했습니다. 이러한 내용을 한 장의 문서로 작성해 **신규 기업을 설득할 시간이 부족하다는 반대 의견을 잠재우고, 모든 팀원의 만장일치 찬성을 이뤄냈습니다.**

Before와 After의 자기소개서는 같은 경험을 바탕으로 작성된 것이다. 하지만 두 자소서에는 확연한 차이가 있다. Before 자기소개서는 상황이 장황하고, 그에 반해 행동은 구체적이지 않다. 가장 중요한 행동이 강조되기보다 상황과 결과를 중점적으로 기술하다 보니 지원자의 갈등해결능력을 제대로 확인하기 어렵다. 반면 After 자기소개서는 '정확한 계획을 요약한 문서'를 통해서 대안을 제시하고, 문제를 해결하는 과정을 보여주었다. 지원자가 꼼꼼한 성격이며, 과거 경험, 규정, 사업 특성 등을 고려해서 적절한 대안을 문서로 제시하는 직무능력을 갖추고 있다는 것을 확인할 수 있다. 대부분 구직자들이 모범답안처럼 만들거나 자신의 얘기를 강조하다 질문에서 원하는 내용을 놓치는 경우가 적지 않으니 주의해야 한다.

둘째, 가독성, 눈에 띌 수 있다면 어떤 방법이든 사용하자

자기소개서를 작성할 때 많은 사람들이 두괄식 작성법을 활용한다. 잘 만든 첫 문장은 때때로 첫째에서 설명한 '행동'보다 가치가 더 높을 수 있다. 이처럼 중요한 첫 문장을 구성할 때 핵심 내용이 들어가야 하는데, 대부분은 경험에 집중한다. 실제로 주변에 떠도는 자기소개서 대부분은 '~한 경험이 있습니다.'로 시작하는 것을 알 수 있다. 인사담당자는 구직자의 경험에서 확인할 수 있는 직무역량이 무엇인지 알고 싶어한다. 따라서 자기소개서를 작성할 때 내가 가지고 있는 역량이 무엇인지를 첫 문장부터 정확하게 나타내야 한다.

신문 기사를 보면 큰 글씨의 헤드라인과 작은 글씨의 소제목으로 구성된다. 기사 헤드라인 밑에 정리된 내용만 읽어도 어떤 내용이 언급될지 이해할 수 있듯, 자기소개서의 두괄식 첫 문장은 본론에 대한 핵심 주제라고 봐야 한다. 핵심 주제가 들어간 첫 문장을 읽고 나서 자기소개서를 읽으면 이미 포인트를 이해한 상태이기 때문에 빠른 이해가 가능하다. 이는 논술을 쓸 때와 동일하다고 볼 수 있다.

다음으로 구직자들은 두괄식에서 강조한 경험 또는 역량을 행동에서 재나열하는 실수를 한다. 미국 텍사스주립대학의 인지심리학자 아트 마크먼(Art Markman)은 그의 저서 『스마트 싱킹(Smart Think)』을 통해 너무 많은 정보가 주어지는 경우 혼선이 발생한다고 주장했다. 인간의 뇌는 처리 속도에 한계가 있기 때문에 읽는 이를 배려하는 글쓰기를 해야 한다.

Before

스타트업 공모전에서 구성원들 간의 이전장벽을 무너뜨리고 적극적으로 협력하여 성과를 창출한 경험이 있습니다. 저를 포함한 3명의 팀원은 각자의 전공분야를 살려 심리학, 영어교육, IT기술을 반영한 영어 교육용 장난감을 개발했습니다. 그러나 처음에는 각 분야에 대한 이해수준이 다르다 보니 아이디어를 협의하는 과정에서부터 장벽이 느껴졌습니다.

따라서 각자의 의견을 피력할 때, '상대를 위한' 설명을 제안했습니다. 기술적인 단어들을 쉽게 풀이해서 설명하고, 학문적 이론 용어들을 실용적인 표현들로 바꾸어서 서로의 이해를 도왔습니다. 또한, 개발의 주요단계마다 서로의 의견을 도표나 다이어그램으로 점검하며 남아있는 문턱마저도 제거하기 위한 시도를 했습니다. 이렇게 쉬운 용어들로 이해하며 서로의 의견을 자유롭게 구현하는 환경 속에서 모두가 만족할 수 있는 결과가 나올 것이라 믿었기 때문입니다.

이러한 과정을 통해 팀원들은 아이템에 고루 반영된 각 분야의 장점을 충분히 이해할 수 있었고, 공모전에서 그 점들을 잘 어필할 수 있었습니다. 그 결과 저희 팀은 개발한 아이템으로 우수상을 수상하였습니다.

After

기획능력을 통해서 지역 스타트업 공모전에 제품 구상을 현실적으로 발전시켰습니다. 지역 스타트업 공모전에 참여했지만, 제품의 현실성과 시장성을 만족하게 할 수 있는 아이템이 없었습니다. 더 큰 문제는 팀원들과 함께 고민하며 나온 많은 아이디어로 인하여 더욱 제품 구상에 방향성을 잃어가는 점이었습니다.

이때 저는 팀원들이 제시한 아이디어 중 '상용 가능성, 영어, RFID 기술, 심리학'만 선택하여 아래처럼 SWOT 분석을 해보았습니다.

– 강점 : 우리 팀원이 지닌 전문 기술(IT 기술, 영어, 아동심리, 교육시장 이해)
– 기회 : 교육 시장의 흐름 파악(스마트폰을 활용한 교육 환경적 변화)
– 약점 : 소비자의 실제 반응을 예상하기 어려움(MVP 테스트로 수치화 방법 제시)
– 위협 : 유사한 제품들의 존재(제품의 디자인과 DB 다양화로 차별화 부여)

이후 빠르게 제품을 구상하고, 빠르게 개발 작업에 착수할 수 있었습니다. 우리는 스마트폰, 그림 칩을 활용한 'LOOPY'로 영어 공부를 할 수 있는 유아용 로봇을 개발하였으며, 구체적인 분석이 있었기에 심사에서 객관적 설득을 통해 결과를 도출하는 것이 가능했습니다.

After를 살펴보면 자신의 기획능력을 직접적으로 보여주기 위해서 <u>SWOT 분석을 행동으로 분류하여 가독성</u>을 높였다. 서류를 검토하는 평가위원에게 진정성을 주고 싶다면 그들에 입장에서 이해하기 쉽게 설명해 주는 것이 중요하다. 가장 좋은 방법은 개조식으로 글의 번호를 붙여 작성하거나 전달 메시지를 최소화시켜 일목요연하게 보여주는 것이다.

자기소개서의 핵심은 두괄식과 가독성이다. 우리가 아무리 좋은 경험을 가지고 있고, 뛰어난 문장 실력으로 자기소개서를 작성한다고 해도 이를 평가하는 위원들은 하루에 수천 장의 서류를 읽는다. 역지사지(易地思之)라는 말이 있다. 상대방의 입장에서 읽기 편한 자기소개서를 작성하는 것이 합격으로 가는 가장 빠른 길이다.

설득력을 높이는 '4 MAT/SP/SCAR'

앞서 'CPSBS'를 활용한 논리 구조로 자기소개서를 작성하는 방법을 배웠다. 그렇다면 각 문항에 적용하면 어떠한 자기소개서로 완성될까? 어느 자기소개서보다 내가 갖추고 있는 직무 역량을 강조할 수 있다. 이를 기업별 자기소개서에 적용하면 다음의 예시처럼 작성할 수 있다.

해당 예시는 새로운 아이디어, 창의적 사고를 확인하는 자소서 문항이다. 이때 'CPSBS'를 활용하여 창의, 혁신, 개선 등을 보여줄 수 있다. 색다른 방식, 시각적 재해석, 이용 가치 재해석, 참신한 아이디어 도출, 비용축소, 효율성 제고 등 다양한 방법이 있으며, 다음 예시처럼 문제를 해결했던 경험을 기술할 수 있다.

Q 기존의 방식이나 고정관념을 뛰어넘어 창의적인 방법으로 획기적인 개선 또는 문제해결을 하였던 경험을 소개하여 주십시오.

A　개인의 창의성 발현을 통해 공동의 업무에서 불편한 점을 극복해냈습니다. (C)
당시에 저는 복잡한 논문 교정 업무를 간편화하는 아이디어를 제시하여, 사무실 전체의 업무 효율성을 높였습니다. (P)

외국문학연구소에서 학부 조교로 근무할 당시, 사무실 내 가장 중요한 업무는 연구소 학술지에 투고된 논문을 교정하는 작업이었습니다. 저는 업무 자체도 많은 시간과 노력이 필요한 것이었지만 개선 가능한 비효율적인 부분도 많다고 생각했습니다. (S)

따라서 저는 복잡한 논문 교정업무를 간편화할 방법을 고민하기 시작했습니다. 먼저 저는 한글의 〈스타일〉 기능을 활용하여 공통적으로 적용되는 글자 크기, 글꼴, 자간 등을 한꺼번에 지정하여 저장했습니다. 또한 스타일 기능 이외에 체크해야 할 부분을 따로 정리하여 문서로 공유하였습니다. (B)

이를 통해 업무 효율성이 높아졌을 뿐만 아니라, 다른 직원들이 업무 수행 시간을 단축시키는 데 큰 도움을 주었습니다. 그 결과 연구소의 분위기가 바뀌며, 논문 집필에 더 집중할 수 있는 환경 마련으로 학술지의 질을 높이는 데 이바지하였습니다. (S)

다음으로 성장과정, 가치관을 묻는 자소서 항목에서 'CPSBS'를 활용하면 직무 역량을 강조하기 쉽다. 팀원의 강점 부각, 이해하는 팀 분위기 만들기, 소통할 수 있는 분위기 형성, 새로운 제도 제시하기, 팀을 위한 희생 등이 가능하며 다음의 예시처럼 내가 지닌 팀워크 역량을 기술할 수 있다.

Q 혼자서 하기 힘든 일을 타인과 협력하여 성공적인 결과를 이루어 낸 경험에 대해 소개하여 주십시오.

A　부서 간 업무 시 배려를 통해 문제를 해결할 수 있었습니다. (C)

배포팀과의 갈등은 서로의 입장에서 업무를 수행하며 나타난 문제로, 저는 배포팀 입장에서 적절한 대안을 제시하여 프로그램 오류 건수를 감소시켰습니다. (P)

배포팀의 계속된 프로그램 오류로 팀들 간 분위기가 좋지 못했습니다. KTH 모바일미디어에서는 편성팀과 배포팀 간의 협업으로 야간에 프로그램을 등록하기 때문에 서로의 협업이 가장 중요하였습니다. (S)

계속된 긴장 관계는 더 큰 프로그램 오류로 이어질 수 있어서, 저는 배포팀에게 직접 오류 발생 이유를 물어보았습니다. 계속되는 실수는 편성팀에서 공유된 인수인계서가 자신들의 팀에게는 익숙하지 못해서였습니다. 그래서 저는 배포팀의 입장에서 인수인계를 진행한다면, 프로그램 오류 건수를 줄일 수 있다는 생각에 두 가지 대안을 제시하였습니다. 첫째, 미리 퇴근 전에 기록하여 오늘 등록될 프로그램들을 메모로 남겼습니다. 둘째, 중요한 프로그램은 집에서 프로그램 등록이 제대로 되었는지 확인하였습니다. (B)

이는 상대방 팀에 맞춰서 배려했기에 가능한 결과로 기존에 1주에 2~3회씩 발생하던 오류 건수를 0회로 줄였으며, 장기적으로는 부서 간 갈등이 감소하였습니다. (S)

끝으로 성장 과정, 직장관, 생활신조, 능력 및 특기, 열정 등을 묻는 항목의 경우 역시 'CPSBS'를 활용하여 직무역량을 강조할 수 있다. 자신에게 있었던 터닝 포인트, 평소 가지고 있던 세계관, 본인만의 특성 및 강점 등이 가능하며 다음의 예시처럼 내가 지닌 가치관을 기술할 수 있다.

Q 자신에게 영향을 끼친 사건과 인물 등을 포함하여 본인이 가지고 있는 가장 중요한 가치관은 무엇인지 설명해 주세요.

A 어떠한 상황에서도 책임을 다해 타인에게 피해를 주지 않으려고 노력합니다. (C)

어머니의 건강 문제로 대학 시절 한 학기를 병원에서 다녀야 했지만, 팀원으로서 맡은 역할에 충실하여 팀의 피해를 주지 않고 과제를 완성하였습니다. (P)

어머니의 병간호를 할 수 있는 사람은 저밖에 없었습니다. 가족 모두 지방 근무와 군 입대로 떨어져 있었기 때문에 학교 수업 종료 후에는 제가 전담해서 어머님을 돌보았습니다. (S)

그중 가장 힘들었던 순간은 팀 과제를 해야 하는 시간이었습니다. 개인적인 문제로 팀원들에게 피해를 주고 싶지 않았던 저는 팀원들에게 상황을 이야기하여 회의 시간을 조정하였으며, 주어진 과제는 어머니가 주무시는 시간을 활용하였습니다. 그렇게 학교와 병원을 오가며 한 학기 동안 과제를 수행하며 38kg이나 체중이 감소했으며, 팀에 피해를 주지 않고 과제를 수행할 수 있었습니다. 당시에 과제를 진행하며 심신은 모두 지쳤지만, 끝까지 내 할 몫은 했다는 자부심을 가질 수 있었습니다. (B)

그때 가졌던 "타인에게 피해가 되지 말자."는 생각은 향후 회사에서 업무를 진행할 때 "내가 할 일은 무조건 해내자."라는 태도로 거듭날 수 있었습니다. (S)

SCAR(문제 해결 중심)

CPSBS 외에도 어떤 직무 역량을 쓰는지에 따라서 자기소개서 작성 방법을 달리할 수 있다. 그중 SCAR(문제 해결 중심) 논리 구조는 문제해결, 위기 개선, 높은 과업 제시, 아이디어 등의 자소서 항목을 작성할 때 적합한 방법이다.

① 기존의 방법을 개선하여, 성공적인 결과를 도출하였던 경험이 있다면 기술하시오.

② 희망 직무 준비과정과 희망 직무에 대한 본인의 강점과 약점을 기술해주세요. 실패 또는 성공 사례 중심으로 기술하시오.

③ 새로운 것을 접목하거나 남다른 아이디어를 통해 문제를 개선했던 경험에 대해 서술해 주십시오.

〈SCAR 논리구조〉

S(Situation)	C(Crisis)	A(Action)	R(Result)
구체적인 업무 내용은 무엇인가?	업무의 주된 문제점은 무엇인가?	본인만의 위기극복 방법은 무엇인가?	주요 성과
상황이 왜, 어떻게 발생했는가?	상황의 주된 위기는 무엇인가?	어떠한 행동/태도를 적용했는가?	배운 점과 교훈
최종목표 또는 과제는 무엇인가?	위기/문제가 왜, 어떻게 발생했는가?	어떠한 지식/기술을 활용하였는가?	자신의 행동/결과의 파급효과
예상되는 실패 상황은 무엇인가?	가지고 있는 역량보다 어려운 업무인가?	문제/위기를 어떻게 파악하였는가?	성공요소 또는 실패 원인

EX 🔍 **SCAR(문제 해결 중심) 활용 예시**

[위기감 쌓인 (주)OO 테크, 상사를 설득하는 그녀만의 노하우]
　직원 휴게실 도입을 위해 개선 보고서를 제출하였습니다. 당시 회사의 이직률은 약 30%로 국내 기업 평균 10%를 훨씬 웃도는 수치였습니다. 총무인사팀 직원으로서 위기를 느끼고, 사내 의견함(OO의 목소리)을 설치하여 의견을 수렴하였습니다.

가장 많은 의견은 직원들이 쉴 수 있는 휴식 공간을 설치해달라는 것이었습니다. 이에 상사였던 과장님께 먼저 보고하고 경영지원 총괄인 부사장님께 보고할 기안서를 작성했습니다. 연초에 예상치 못한 지출이 발생했기에 기안서는 지출이 발생할 부분에 초점을 맞춰 작성했습니다. 운용 가능한 1,000만 원을 예산으로 정한 후 인테리어 업체, 중고물품업체와 사전 조율에 집중했습니다. 또한, 기안서에는 직원 휴게실 설치 목적, 설치 공간, 기간, 예산, 예상 결과를 포함했습니다. 직원 사기 증진과 생산성 향상이 목적이었고 예상되는 결과로는 이직률 감소로 인한 비용 감소였습니다. 설치 공간은 2층 자재 창고를 1층으로 옮겨 마련하고 기간은 실내장식 기간까지 합해서 약 2주 정도 예상했습니다. 요약서는 A4용지 1장을 넘지 않게 작성해 최대한 핵심만 반영했습니다.

하지만 내용이 부실해질 수 있음을 대비해 첨부 파일로 4주 동안의 예상 진행 순서와 구매 비품, 업체명, 비품 협상가까지 상세하게 작성하여 기안서를 읽는 상대방이 쉽게 이해할 수 있도록 작성했습니다. 이를 통해 설치 승인을 얻고 직원들이 만족하는 휴게실을 설치해 다음 해 1분기 이직률을 15%까지 줄였습니다.

4 MAT(목표&과정 중심)

목표&과정 중심으로 작성된 4 MAT의 경우에는 학창시절&경험(동아리, 아르바이트, 봉사활동), 단점 보완 노력, 회사를 통해 이루고 싶은 꿈을 기술할 때 좀 더 적합하다.

① 살아오면서 특정 영역의 전문성을 키우기 위해 꾸준히 노력한 경험에 대해 서술해 주십시오.

② 살아오면서 가장 부족한 역량은 무엇이며, 어떠한 방식으로 개선할 계획인지 기술하시오.

③ 학업 이외에 관심과 열정을 가지고 했던 다양한 경험 중 가장 기억에 남는 것을 구체적으로 기술하시오.

〈4 MAT 논리구조〉

WHY	WHAT	HOW	IF
현재 가지고 있는 고민은 무엇인가?	(가치관/역량) 무엇을 깨달았는가?	본인만의 해결 방법은 무엇인가?	기대 변화
목표 선정과 그 이유는 무엇인가?	목표 선정의 구체성은 무엇인가?	어떠한 행동/태도를 적용했는가?	실제 변화
향후 직무(연관 분야)를 고민했는가?	얻을 수 있는 성과/결과는 무엇인가?	어떠한 지식/기술을 활용하였는가?	자신의 행동&결과의 파급효과

EX 🔍 4 MAT(목표&과정 중심) 활용 예시

['연단 공포증'을 극복하기 위한 3개월의 목표 관리]

　사람들 앞에서 당당함을 찾기 위해서 발표불안 해소 연습을 하였습니다. 가장 먼저 '대중 앞에서 자신 있게 발표하기'라는 목표를 정한 후, 필요한 기술적 원리를 이해하고 이를 실제 연습에 적용하였습니다.

[1단계] 남 앞에서 발표하기

　대중 앞에서 완벽해야 한다는 생각에, 약간의 실수라도 생기면 얼굴이 빨개지며 당황합니다. 하지만 10명의 사람 앞에 서서 그중 2~3명을 제일 친한 친구라고 생각하고 대화하듯 자기소개에 임했습니다. 여기서 포인트는 나머지 사람들은 신경 쓰지 않기였습니다.

[2단계] 호흡법 및 발성법 훈련

　발표할 때 호흡이 불안해지고 말할 때 숨이 딸려서 발성이 제대로 나오지 않는 경우가 많아 "울트라 브리드"를 통한 복식호흡 연습과 발음 훈련을 통해 후두가 올라가는 잘못된 습관들을 교정하는 데 집중했습니다.

[3단계] 연단 자세 및 표정 동작

　초보자들에게 가장 적합한 '항아리 연단법'을 통해 가장 적합한 자세를 유지하고 활기차고 밝은 표정으로 연습하려고 노력했습니다. 점차 어색했던 동작은 시간이 지나면서 좋아졌고 자신감 있는 모습을 연출하기 위해 노력했습니다.

　중간 중간 내가 부족한 부분은 대중들 앞에서 평가받으며 목표에 맞춰 관리하였고, 3개월 뒤 처음으로 대중 전체를 보고 발표를 할 수 있게 되었습니다. 제가 느꼈던 대중 앞 연단공포를 없앨 수 있는 가장 빠른 방법은 초기 목표를 중간평가를 통해 방향을 잡아가는 능력이라고 생각합니다. 내가 가진 문제에 직접 부딪혀 정확하고 꼼꼼한 목표를 세울 수 있다면 연단공포는 아무런 문제가 되지 않습니다.

SP(인문학/가치관 중심)

성장 과정이나 직장관, 생활신조, 열정, 윤리성 등의 항목에는 인문학과 가치관 중심으로 작성하는 SP가 적합하다. 지원자가 살아오면서 정립한 가치관을 쓸 때 지원자가 어떤 변화를 거쳐 왔는지를 보여주기 좋기 때문이다.

① 지금까지 살아오면서 가장 가슴속 깊이 남아있는 즐거웠거나, 힘들었던 자신만의 소중한 경험을 기술해 주세요.
② 자신의 삶 또는 직업에 대한 가치관/생활신조는 무엇인가요?
③ 어려움(갈등) 상황에서 이를 극복해 나갈 수 있는 본인의 가치관을 작성해 주세요.

〈SP 논리구조〉

발단(도입부)	전개/위기 (본격적인 사건 및 갈등)	절정 (갈등해결 및 영향)	결말
가치관이 성립된 실마리는 무엇인가?	가치관을 가지게 된 사건은 무엇인가?	본인만의 갈등 해결 방법은 무엇인가?	배운 점&교훈
본인만의 가치관은 무엇인가?	누군가와 갈등을 겪었던 적이 있는가?	가치관이 갈등 해결에 어떤 영향을 주었는가?	주요 성과
삶의 전환점은 무엇인가?	나에게 닥쳤던 전환점은 무엇인가?	어떠한 태도&행동으로 발전하였는가?	기대/실제 변화

EX 🔍 SP(인문학/가치관 중심) 활용 예시

[성과의 돛을 펼쳐라, 호기심은 나를 깨우는 기회]

　끝없는 호기심으로 삶을 개척해 나갑니다. 29년간 6번의 잦은 이사를 하면서 짐 정리 후 이튿날엔 호기심에 동네를 돌아다녔습니다. 주로 집에서 가까운 슈퍼와 카페는 어디쯤인지, 내가 다닐 학교는 어디인지, 내가 모르는 빠른 길이 있지는 않은지 등 탐험가가 되어 주변을 찾아다녔습니다.

　성인이 된 지금은 새로운 호기심을 찾아 여행을 떠나고 있습니다. 가장 기억에 남는 장소는 대천해수욕장이었습니다. 매번 자동차를 타고 오갔던 길을 대학교 2학년 시절 안성을 벗어나 대천까지 떠나며 자전거로만 당일치기 여행을 떠났습니다. 자동차를 타고 오갈 때는 몰랐던 쉬웠던 길을 헤매기도 하고, 다시 돌아서 간 적도 있었습니다. 한여름에 떠났던 여행이라 땀으로 샤워를 했으며 언덕을 오르면서 숨이 턱까지 차올랐습니다. 하지만 목적이 있었기에 표지판을 보고 행인에게 물어보며 처음 세운 목표인 대천해수욕장까지 도달할 수 있었습니다.

　이렇듯 저의 호기심은 점차 더 높은 성과목표를 갈구했고, 이를 달성하는 열정이라는 에너지는 제 안에서 점점 커졌습니다. 이제는 4차 산업 시대에 접어들면서 IoT, 빅데이터, 클라우드 등 핵심 기술에 강한 호기심을 바탕으로 새로운 도전을 진행 중입니다. 저에게 호기심은 가슴을 두드리고 나를 깨우는 기회이며, 도전은 열정으로 임해 성과를 내는 목표입니다. 열심히 도전하고 실패해도 그 시도와 과정에서 큰 것을 얻을 수 있다면 실패라는 두려움에 안주하지 않고 아무도 가지 않는 새로운 분야에 도전해보자는 마음가짐으로 임하고 있습니다.

　이처럼 자기소개서 작성방법은 다양하다. 자기소개서를 작성하기 전에 내 경험과 문항에서 요구하는 바를 정확하게 파악하고 있다면 다양한 논리 구조를 적용할 수 있다. 지금도 STAR 논리 구조를 고집한다면 문항에서 요구하는 직무 역량에 대응하기 어렵다. 여러분에게는 이미 20년이 넘는 본인의 삶을 살아오면서 획득한 충분한 재료가 있다. 이 재료에 'CPSBS', 'SCAR', '4 MAT', 'SP'라는 다양한 논리 구조를 활용하면 더 쉽게 자기소개서를 기술할 수 있다.

부록

직무별 합격
자기소개서

누가 봐도 뽑고 싶은
인문계 자소서

合格

① 영업관리

• **회사/직무** : BGF리테일 영업관리(2019년 상반기)
• **스펙** : 여자/28세/중경외시 라인 경영학과/학점 4.13/토익 950 이상/중견기업 인턴 경험 1회

1. 본인이 선택한 직무에 대해 아래 내용을 포함하여 기술하시오.

① 지원한 직무의 역할이 무엇이라 생각하는지 자유롭게 기술
② 본인이 해당 직무에 적합하다는 근거를 본인의 경험을 바탕으로 기술
③ 입사 후 경력개발 계획에 대해 기술

1) **역량&성격:** 대인관계능력, 설득력

2) **경험** : 중견기업 인턴

3) **글자 수** : 1,806byte/2,100byte

　영업관리의 역할은 거래처를 관리하여 자신이 판매하는 제품 판매를 증진함으로써 기업의 수익 창출에 앞장서는 것입니다. 업무를 점주들과 원만하게 수행하기 위해서는 대인관계능력을 포함한 전략적인 설득력이 필수적입니다.

[직무수행에 필요한 2가지 역량 갖춰, 그 원동력은?]

　다양한 나라에서 거래처를 관리하면서 다져진 '대인관계능력'과 성우하이텍 인턴십을 통해 쌓은 '설득력'을 바탕으로, 점주와 지속적 상생 협력 및 점포 매출 증가에 이바지할 수 있습니다.

　총 4년 6개월의 경험을 통해 다양한 사람들과 만나 친화력과 대인관계능력을 높였습니다. 이와 더불어, 성우하이텍에서 영업 지원 인턴으로 6개월 근무하며 영업의 전반적인 프로세스를 비롯한 고객사 대응력과 설득력을 길렀습니다. 그

중 대기업 고객사를 대상으로 관리지원 업무수행, Jaguar Land Rover 핫스탬핑 프로젝트 보조 등 다양한 업무 경험을 쌓았기 때문에 누구보다 영업관리 업무를 잘 수행할 수 있습니다.

제가 가진 '대인관계능력'과 '설득력'을 적극적으로 발휘하여, BGF 리테일의 매출 극대화를 이끎으로써 초일류 유통기업으로 자리매김하는 데 이바지하겠습니다.

[영업관리 전문가, 직급별 과업 숙지로 성장]

BGF리테일의 대내외 성장을 주도하는 영업관리 전문가로 성장을 목표로 다음과 같이 노력하겠습니다.

입사 후, 증정 상품 발주 지도, 재고 중량 발주 지도, 자체 PoP 제작, 행사 상품 진열, 재계약 조율 등 실무를 경험하며 기본적인 업무와 지식을 숙지하겠습니다. 이를 배우는 과정에서 점포에서 발생하는 모든 이슈를 확인하면서 업무를 수행하겠습니다.

입사 5년 후, 중간 관리자로서 '기존 매출 분석'을 기준으로 한 데이터를 바탕으로 점주와의 원활한 협조 관계를 강화하며, 점포별로 기본 매출 향상 방안을 마련하기 위해 매대 진열 방식 변경, 점포별 개발 행사 기획 및 지원을 진행하겠습니다.

입사 10년 후, 영업관리 전문가로서 최신 업종 트렌드 변화에 선제적으로 대응하고, BGF·리테일이 최상의 상품과 서비스로 2030년까지 연 매출 20조 원을 달성하는 데 일조하는 전략적 파트너로 거듭나겠습니다.

2. 공동의 목표를 달성하기 위하여 가장 중요하다고 생각하는 역량 1가지를 선정하고, 그 이유와 해당 역량을 발휘하여 목표를 달성한 경험에 대해 구체적으로 기술하시오.

1) **역량&성격:** 가독성, 적절한 대안을 바탕으로 목표 달성

2) **경험 :** 중견기업 인턴

3) **글자 수 :** 1,000byte/1,000byte

[첫 팀워크 '번역', 법률 계약서 정해진 시간 내 끝마쳐]

어려움을 해결하는 사고는 '목표의 구체성'입니다. 이는 목표 난이도에 맞춰 적절한 과정을 거쳤기에 공동의 목표를 달성할 수 있었습니다. 한 예로 신차양산용 금형 투자 지원 법률 계약서를 정해진 시간 내에 완벽하게 번역할 수 있었습니다.

당시 성우하이텍 공장 현장에서 3정5행 모니터링을 하던 중 개발팀에서 번역 지시가 내려왔습니다. 고객사의 신차양산용 금형 투자 지원 법률 계약서를 3시간 내로 끝마쳐 달라는 요청이었습니다. 홀로 진행하기에는 양이 많고 광범위했기 때문에 목표 난이도에 맞춰 적절한 과정이 필요하였습니다. 따라서 저는 개발팀 팀원의 협조를 구했고, 네 가지 과정에 맞춰 번역을 끝마쳤습니다.

첫째, 80쪽의 계약서를 반으로 나눴습니다.

둘째, 구글번역기를 활용하여 초안을 잡아 시간을 단축하였습니다.

셋째, 번역된 내용은 윤문을 통해 자연스러운 문장으로 바꿨습니다.

넷째, 완성본을 여러 번 읽으며 2~3번 재검토 하였습니다.

만약 개발팀 인원의 협조와 목표 난이도에 맞춰 적절한 과정을 가지지 않았다면 정해진 시간 내에 원하는 결과를 도출해 낼 수 없었을 것입니다.

3. 남들과 다른 새로운 관점으로 변화/혁신을 추구한 경험과 그를 통해 배운 점이 무엇인지 기술하시오.

1) **역량&성격**: 가독성, 시각적 자료 제시를 통한 집중도 향상
2) **경험** : 대학교 조별 과제
3) **글자 수** : 947byte/1,000byte

[전달력과 집중도 높여, OOO의 접근 및 개선능력]

　기존보다 나은 접근 및 개선으로 문서 전달력을 높일 수 있습니다. 과거 체코 현대 문학 발표를 준비할 당시 다른 조와의 가장 큰 차이점은 시각적 자료 사용과 PPT 연극이라는 새로운 접근 방법이었습니다. 저는 발표를 준비하면서 청중들의 처지에서 생각하려고 노력했습니다. 그래서 발표의 규칙은 준수하고, 기존의 내용은 유지하며 전달력을 개선하였습니다.

　애니메이션으로 동적인 효과를 높였습니다. 정적인 PPT를 줄이기 위해 집중력이 흐려지지 않는 범위에서 화면효과와 애니메이션을 활용하였습니다. 특히, '반전/변화/중요'한 부분은 음향을 활용하여 집중도를 높였습니다.
　시각적 자료로 전달력을 높였습니다. 우선 PPT 내용은 줄이고 표, 그래프, 그림 등을 활용하여 서식을 구성하였습니다. 그리고 내용을 배치할 때는 '구도/흐름/강조'를 통해서 쉽게 이해할 수 있게 힘썼습니다.
　현재는 보고서 작성 및 회사 브로셔 수정 시 집중도와 전달력을 높일 수 있으며 이는 다양한 과제 수행을 하면서 문서 전달력을 높이기 위한 노력의 결과입니다.

4. 평소 CU 편의점 이용 시 느꼈던 장단점을 기술하고, CU 편의점 경쟁력을 제고할 수 있는 아이디어를 제시하시오.

1) **역량&성격:** 기업분석, 기업 현재 트렌드 및 변화 방향 이해

2) **경험 :** 직무경험 바탕으로 기술

3) **글자 수 :** 1,538byte/2,100byte 이내

[글로벌 먹거리 공수, 새로운 맛을 갈망하는 이들을 위해 나서다]

 4사 편의점 중에서 소비자들에게 새로운 제품을 선보이는 것이 CU 편의점의 장점입니다. 점포마다 특성에 맞춰 수입 맥주, 컵라면, 디저트, 애완용 놀이제품 등을 배치하며, 점포 집객 포인트를 만족시켜 매출 향상을 이뤄내고 있습니다. 하지만 최근 CVS 업계 위기는 최저임금입니다. 따라서 CU편의점이 나아가기 위해 차세대 시스템 변경이 필요하다고 생각하였습니다.

[포스기 전면 교체, 더 빠르고 간편한 결제 시스템 구축]

 CU 편의점 경쟁력을 강화할 방안 중 하나가 바로 포스기를 전면 교체하는 것이라고 생각합니다. 포스기 문제와 수시로 바뀌는 프로모션 때문에 업무를 처리하는 데 곤욕을 치를 수 있습니다. 따라서 새로운 인터페이스를 기반으로 한 포스기로 전면 교체함으로써, 신입 근무자들이 더욱 더 간편하고 빠르게 업무를 처리할 수 있도록 도와야 한다고 생각합니다. 그로써 근무자들의 업무 효율성을 증진하는 효과를 기대할 수 있게 될 것입니다.

[득보다 실이 될 수 있는 계륵, 무인 편의점 확장]

　반면 무인 편의점 확장 및 도입은 시기상조라고 여기고 있습니다. 인건비 상승과 점포 효율화 등을 이유로 무인점포 도입을 서두르고 있지만, 체감상 효과가 미비하다고 판단했습니다. 왜냐하면 아직 무인 편의점이 일반 편의점 수준의 서비스를 제공하기에는 부족한 점이 많기 때문입니다. 실제로 판교 점포에 시범 운영 중인 'CU 바이셀프'를 사용해본 바, 결제하는 데 편리함은 분명 존재했지만, 그 외의 장점은 딱히 발견하기가 힘들었습니다. 오히려 무인 편의점 특성상 술과 담배를 판매할 수 없어 소비자들에게 불편함을 안겨줄 거라 생각했습니다. 무인 편의점을 점진적으로 도입해 소비자들의 평가를 받고 시행착오로부터 빠르게 배워나가는 것이 중요하다고 생각합니다.

① 이 자기소개서에 표현된 역량&성격이 적합한가?

리테일 산업군에 맞춰서 필요한 역량을 적절하게 언급했다. 특히 최근에는 직무에 필요한 역량이 무엇인지, 구직자가 제대로 이해하고 있는지를 평가하기에 과업에 요구되는 역량을 알고 있어야 한다. 그러한 점에서 1번 문항을 보면 구직자가 제대로 역량을 이해하고 있음을 알 수 있다.

② 글의 균형이 적합한가?

1) 역량/성격의 균형

역량과 기업에 대한 분석이 제대로 되었다고 볼 수 있다. 특히, 직무 경험을 활용한 점과 가독성을 높이기 위한 역량 발현 행동을 구체적으로 기술했다. 글자 수가 500자 이상을 요구하는 경우 읽는 이를 배려하는 문단 구성이 중요하다. 영업관리 직무의 경우 자기소개서가 중요하게 다뤄지는 만큼 가독성을 높이는 방법을 고민해야 한다.

2) 경험의 균형

회사 업무 수행, 대학생활 조별 과제 경험을 적절하게 활용했다. 많은 구직자가 경험 선정 시 어려움을 겪는 편인데 영업관리의 경우 직무에 대한 이해도만 있다면 공통역량(적극성, 도전정신, 대인관계 등)에 맞는 경험으로 자신이 준비된 인재임을 보일 수 있다.

③ 총평

지원 기업과 시기에 따라서 차이가 있지만, CU의 경우 내부 POS 시스템을 재정비하는 중이었다. 그래서 설득력, 고객과의 협력 등의 역량이 필요했다. 기업분석이라는 것이 단순히 매출액, 영업이익 등보다는 현재 기업이 내부적으로 어떤 움직임을 보이는가를 예측할 수 있다면 실무진의 공감을 끌어낼 수 있다.

02 인사

- **회사/직무** : CJ ENM 인사(2019년 하반기)
- **스펙** : 남자/28세/건동홍세 라인 경영학과/학점 3.7/토익 900 이상/중소기업 업무 경험 1회

1. 여러분이 CJ ENM과 해당 직무에 지원한 동기는 무엇이며, ENM이 여러분을 선발해야 하는 이유를 설명해 주세요.
① CJ ENM과 해당 직무에 관심을 갖게 된 계기, ② 해당 직무를 잘 수행할 수 있는 이유(그동안의 노력, 도전, 경험, 강점 포함), ③ 입사 후 성장비전을 반드시 포함하여 작성해 주세요.

---

1) **역량&성격**: 직무이해도 및 관심도, 직무에 대한 지식과 기술
2) **경험** : 동아리 활동
3) **글자 수** : 998자/1,000자

[꼬리가 될 것인가? 고리가 될 것인가?]]

　3개가 넘는 동아리 활동을 하며 두 가지의 고리 임무를 수행했습니다. 부서 간의 소통을 연결하는 고리 역할, 개인의 역량을 조직 성과로 연결하는 고리의 역할입니다. 이러한 고리의 임무를 수행하며 조직, 개인, 역량이라는 의미를 되새겼고 인사 직무에 관심을 두게 되었습니다.

[부족함을 풍족함으로 만들어라]

　인사 직무에 확신을 갖게 된 계기가 있다면, 조직의 부족함을 분석하여 풍족함으로 전환했을 때였습니다. 우리 동아리의 수상작과 구성원들 강점을 분석하여 ○○ 분야에는 강하지만, ○○ 분야 같은 경우 구성원들의 관심도가 10% 이하로 약했고 수상한 경력도 전혀 없었습니다. 이에 신입 기수 모집 전형에서 *** 우대라는 조건으로 개선하였고, 후배들의 역량 평가를 위해 홍보 포스터 경

연대회를 열어 효과적인 홍보안도 함께 이루었습니다. 이러한 개선으로 ○○분야에 강점을 지닌 학우들을 ○○명 이상 모집하는 성과를 이뤄냈고, 후배들의 단톡방이 스스로 만들어지는 모습에 보람을 느꼈습니다.

이후 HR 동아리에 참가하여 근로기준법 개정안을 공부하고, 구성원들의 역량과 성과를 자극할 수 있는 보상안을 학습했습니다. 현재 고민하는 게 있다면, 물질적인 보상 이외에 구성원들의 성과를 자극할 유인책이 있을까 하는 것입니다.

[CJ ENM은 정답을 알고 있다]

CJ ENM 현직자분을 만나보며, 물질 보상 이외에 다른 유인책도 가능함을 느꼈습니다. 내가 하는 일이 세상을 변화시키고, 업계를 선도한다는 자부심이 성과를 창출하는 유인이 된다는 것입니다. 임직원 마인드에 새겨진 CJ Only One 정신을 느끼며, 저 또한 CJ ENM 성과 창출과 임직원 행복을 책임질 수 있는 일원이 되고 싶다는 목표를 갖게 되었습니다. ○○동아리에서 활동하며 콘텐츠에 집착했던 저의 애정과 인사 업무 수행을 위해 길러온 역량을 보태어 1) CJ ENM 직무별 역량을 강화할 수 있는 교육안을 이루고 2) 인적 경쟁력 강화를 위한 인사 제도 개선에 이바지하겠습니다.

1) **역량&성격:** 열정, 법령이해도, DB 분석력

2) **경험 :** 연차제도 기획 및 인사체계 수립

3) **글자 수 :** 999자/1,000자

[구성원의 마음과 법령을 모두 만족시키기]

　인사는 근로기준법 법령과 임직원들 마음 모두를 만족시켜야 합니다. 연차제도를 기획하여 노무 법령 이해를 쌓고, 사내 규칙과 사원들의 만족도를 동시에 충족시켰습니다. 이전 직장은 사내 규모가 30명이었기에 연차제도가 시행되지 않은 사업장이었습니다. 하지만 인력 대비 업무가 급증하며 휴무 불만이 쌓이고 있었고, 저는 연차제도 수립을 통해 이를 해결하고자 했습니다. 근로기준법을 만족시키는 연차제도가 필요했기에 상시로 노무사와의 연락은 물론 관련 법규를 꼼꼼히 검토함으로써 건축 업종 평균에 근거한 연차제도를 수립하고자 노력했습니다. 연차제도가 시행된 이후에는 사내 규칙에 근거하고 부서별 문화에 맞도록 직원들 휴무를 관리하며 직원 만족을 높일 수 있었습니다.

[빅데이터로 인사 체계 수립]

　HR 시스템을 보다 전략적으로 구축하기 위해 빅데이터를 점점 더 활용하고 있습니다. 이에 저는 데이터들을 활용하기 위한 DB 분석력과 수치에 대한 이해력을 높여 왔습니다.

　통계학 과목을 수강하며 통계자료에 대한 이해를 쌓아 왔습니다. 수치적인 부분에 가까워지기 위해서 후속 과목으로 들었던 미분적분학과 선형대수 과목을 통해 수치자료를 산출해 낼 수 있는 능력을 키웠습니다. 수치자료를 실제로 활

용하는 경험은 정보처리 과목에서 접할 수 있었습니다. 현재는 어떤 프로그래밍을 통해서 내가 필요한 데이터를 어떻게 산출할 것인지를 여러 번의 시행착오를 거치는 등, 실무능력을 쌓기 위해 노력하고 있습니다. 이 경험을 활용하여 강사 관리 업무를 진행했을 때, 단계별 모니터링을 시행하여 강의력 향상에 대한 개선점을 파악하였습니다. 강사의 역량 증대에 영향을 주는 요인들을 전략적으로 파악하고 개선하여 ○○란 성과를 만들 수 있었습니다. 입사 후 공감 능력, 협동성, 팀워크와 같은 데이터를 분석하여 CJ ENM의 인재상을 산출하는 데 보탬이 되고, 임직원들 성과에 영향을 주는 요인들을 분석하여, 임직원 행복을 창출하겠습니다.

① 이 자기소개서에 표현된 역량&성격이 적합한가?

인사 직무에 필요한 근로기준법, 연차 제도 등 직무 지식을 함양하고 있으며, 직무에 대한 관심을 바탕으로 열정과 책임감, 발전 가능성을 잘 보여주고 있다. 특히, 자기소개서를 작성할 때는 가독성이 중요한 만큼 역량과 성격적 측면을 잘 구성했다고 볼 수 있다.

② 글의 균형이 적합한가?

1) 역량/성격의 균형

역량에 집중된 글이라고 볼 수 있다. 대기업 자소서 문항의 경우 직무역량을 많이 확인하는 만큼 자신이 지금까지 갖추고 있는 역량을 잘 작성하였다. 특히, 회사에서 인사 직무가 꼭 알아야 하는 지식과 기술을 정확하게 언급한 부분은 철저한 직무에 대한 공부가 뒷받침 되었기에 가능했다고 볼 수 있다.

2) 경험의 균형

경험 자체를 살펴보면 실제 수행 업무, 현직자 인터뷰, 관심 계기를 적절하게 선택했다. 따라서 경험의 균형은 적절해 보이며, 그 기준을 잘 선정했다고 볼 수 있다.

③ 총평

인사 직무에 대한 이해도가 높다는 것을 보여주는 글이다. 특히, 관심 계기를 바탕으로 인사 직무에 필요한 지식, 기술, 태도를 정확하게 언급했다는 점에서 실무자의 공감을 끌어낼 수 있었다. 실무에 필요한 역량을 이해하고서 자기소개서를 작성해야 서류에서 좋은 평가를 받을 수 있다.

③ 전략기획

- **회사/직무** : 셀트리온 전략기획(2020년 하반기)
- **스펙** : 여자/28세/건동홍 라인 경영학과/학점 4.1/토익 910, 토스 6/KICPA 준비 1년 6개월 경험/대기업 계약직 1년 6개월

1. Why Celltrion?(800자)

1) **역량&성격** : 가치관인 원칙준수와 회사의 핵심가치와의 일치성
2) **경험** : ○○○○○ 회사 계약직 근무 시 K-IFRS를 준수하기 위해 규정을 재정립함
3) **글자 수** : 797자/800자

[원칙준수, 기본에 충실한 회사]

지켜야 할 것을 지키지 않았을 때 더 큰 리스크가 발생한다는 것을 알고 있습니다. 그리고 리스크가 발생하지 않더라도, 저는 남들에게 피해를 끼치는 것을 정말 싫어합니다. 그러기에 지켜할 것들을 준수하는 것은 너무 당연한 일이었습니다. 그리고 이러한 가치관이 셀트리온과 일치한다고 느꼈습니다.

저는 ○○○○○에서 계약직으로 1년 6개월간 재직하며 제조경비 및 일반관리비를 담당하였습니다. 2020년 2월경, 해외법인 및 직수출 딜러들에게 지급하는 판매장려금이 회계감사 시 이슈가 되었고, 곧 팀장님께서 해당 규정을 K-IFRS에 준수되도록 재정립을 지시하셨습니다. 규정 재정립에는 한 달이라는 긴 시간과 2명의 인력이 투입되었는데, 이때 저는 다시 한 번 원칙준수의 중요성을 깨달을 수 있었습니다.

셀트리온이 원칙준수를 중요하게 여긴다는 것은 2018년 8월 14일에 반기재무제표를 소급 재작성한 부분에서 알 수 있었습니다. 재무제표를 소급 재작성한다는 것은 투자자들로 하여금 기업에 대한 신뢰도를 떨어트리는 행동이라고 볼 수 있습니다. 이러한 큰 리스크를 감수하면서 재작성을 진행한 이유는 금융당국이 발표한 '제약/바이오 기업의 연구개발비 회계처리 관련 감독지침'을 준수하기 위해서였다고 알고 있습니다. 이 사건을 통해 셀트리온이 당장의 손실보다는 더 큰 미래가치를 위해 원칙을 준수하려고 노력한다는 것을 깨달을 수 있었습니다. 이러한 모습을 저도 전략기획팀에서 지켜나가고 싶습니다. 제 가치관과 일치하는 회사에서의 삶이기에, 남다른 주인의식을 가질 수 있게 될 것이라 생각합니다.

2. 가장 관심있게 들었던 전공 과목과 해당 과목에서의 본인 장점(800자)

1) **역량&성격** : 팀워크, 배려심
2) **경험** : 팀 프로젝트에서 팀원 부족의 어려움을 극복했던 경험
3) **글자 수** : 796자/800자

[최악의 팀에서 최고의 팀이 되다]
   인원의 부족으로 어려움에 빠졌던 팀 과제 수업을 경험하면서 팀워크의 중요성을 배울 수 있었습니다.

   대학교 3학년 때 수강했던, '혁신과 변화관리'는 매주 팀별로 PT발표와 토론을 진행해야 하는 수업이었습니다. 당시 팀원 중 한 명이 학기 초에 수업을 드롭하여 저희 팀만 3명의 팀원으로 진행하였습니다. 게다가 팀원 중 한 명은 타과생이라 수업을 따라가기 버거워했습니다. 처음 3주의 발표를 처절히 망치고 나서 팀의 분위기는 최악으로 치달았습니다. 저는 망가질 대로 망가진 분위기를 추스르기 위해 우선 교수님께 요청하여 교수님과 팀원들의 점심식사를 주선하였습니다.

이후 팀원들은 교수님이 신경써 주시는 것을 느끼고 분발하고자 하는 의지를 보이게 되었습니다.

다음으로 공통의 소재인 볼링을 찾아내어, 매주 볼링을 치며 친목을 도모했습니다. 이는 끈끈한 팀워크를 만들어낸 원동력이 되어줬습니다. 마지막으로 타과 팀원을 위해 시간을 맞춰 수업내용을 예습, 복습하였습니다. 경영학의 기초를 망라하며 공부한 결과, 학기말에는 타과 팀원 역시 한 사람 이상의 몫을 해낼 수 있었고, 타과의 시선을 더하여 창의적인 과제수행을 해낼 수 있었습니다.

결국 이렇게 똘똘 뭉친 팀워크를 발휘하여 학기 간 10번의 토론 발표를 우수한 성적으로 끝마칠 수 있었으며 팀원 전원 A⁺의 성적을 만들어 내었습니다.

저는 이 경험을 통해 팀원 간의 배려를 기반으로 쌓은 팀워크의 중요성을 알 수 있었습니다. 셀트리온에 입사해서도 팀원을 소중히 여기며 각각의 강점을 최대화시키고 약점을 보완할 수 있도록 노력하겠습니다.

---

3. 희망 직무를 수행하기 위해 준비한 것과 직무와 관련된 본인 역량(800자)

1) 역량&성격 : 재무적 지식
2) 경험 : 1년 6개월간 CPA 준비(대학교 2학년)
3) 글자 수 : 793자/800자

[재무적 지식이 탄탄한 전략기획 담당자]

회사는 숫자로 이뤄져 있다고 생각해왔습니다. 이러한 숫자들을 분석하여 경영층의 의사결정에 필요한 보고서를 작성하는 게 주 업무인 전략기획 담당자가 각각의 재무수치들이 무엇을 의미하는지 모른다면 제대로 된 분석 및 보고서를 작성할 수 없다고 생각합니다.

삼수를 해서 22살에 대학에 입학했기에, 대학교 1학년 겨울방학 때부터 이후 진로에 대한 고민에 빠져 있었습니다. 공기업과 공무원 중에 고민하고 있을 때, 평소에 존경하던 교수님께서 상담 중 CPA를 제안해 주셨습니다. 장고 끝에 CPA 공부를 결정하였으며, 토익성적과 학부성적이 충족되어 학교 CPA 준비반에 입단할 수 있었습니다. 대학교 2학년 1년간 최소학점만 들으며 CPA를 준비하였는데 평균 수험기간이 3년인 시험답게 시험공부는 상당히 어려웠습니다. 많이 좌절했지만, 선배들과 담당 교수님의 조언을 토대로 시행착오를 겪은 끝에 2017년 52회 공인회계사 1차 시험에 도전하였습니다. 시간배분에 서툴러 허둥지둥 마친 시험 결과는 역시나 탈락이었습니다. 그러나 이대로 포기하고 싶지 않아 3학년 1학기를 휴학하고 종로에 있는 CPA학원에 들어가 6개월을 더 준비하였습니다.

집안 사정으로 인해 공부를 이어나갈 수 없어 결국은 포기했지만, 1년 6개월간의 수험생활은 제게 많은 것을 남겨 주었습니다. 그 중 가장 큰 성과는 탄탄한 재무지식이라고 생각합니다. ○○○○에서 그를 기반으로 기획업무를 수행할 수 있었습니다. 이러한 역량을 바탕으로 경영층에 정확한 수치정보를 제공하는 기획인이 되도록 노력하겠습니다.

4. 기타 자유 기술(400자)

1) **역량&성격** : 산업에 대한 공부, 경쟁사에 대한 공부 등
2) **경험** : 없음(입사 후 포부)
3) **글자 수** : 400자/400자

[전략의 전문가]

　10년 후, 과장이 되었을 때, 기업에 올바른 미래를 제시할 수 있는 전략 전문가가 되고 싶다는 목표를 가지고 있습니다. 그를 위해 구체적으로 두 가지를 시행해나가고자 합니다.

　첫째, 전략 전문가가 되기 위해서는 산업전반과 기업에 대한 깊은 이해가 필요하다고 생각합니다. 저는 기획 부서를 시작으로 연구, 영업 등 셀트리온의 전반적인 모습을 알아가도록 하겠습니다. 그와 함께 제약 산업에 대한 DB구축을 꾸준히 시행하며, 통찰과 직관을 키우도록 하겠습니다.

　둘째, R&D와 신규 판로를 확보하는 것은 셀트리온이 글로벌 기업으로 성장하는 데 필수적인 요소입니다. 항상 해외 상황을 예의주시할 것이며 특히 글로벌 제약업계에 대한 최신 리서치를 습득하며 전략에 발 빠르게 반영해내겠습니다.

이 자기소개서에 대한 평가

① 이 자기소개서에 표현된 역량&성격이 적합한가?

이 자기소개서는 전략기획 직무에 필요한 역량 및 성격을 팀워크와 배려심, 재무적 지식, 산업에 대한 지속적인 관심 등으로 보았다. 일반적으로 많이 나오는 커뮤니케이션이나 친화력 대신 대체한 것이 팀워크와 배려심인데 이런 역량 모두 전략기획팀에 적합하다 볼 수 있으며, 특히 CPA 공부를 기획으로 접목시킨 것은 훌륭한 방법이다.

② 글의 균형이 적합한가?

1) 역량/성격의 균형

팀워크와 배려심은 성격이며, 재무적 지식이나 산업에 대한 관심은 역량 쪽에 가까워 보인다. 글만 읽었을 때, 충분히 전략기획팀원으로서의 역량이 느껴진다. 고로, 균형은 잘 맞는다.

2) 경험의 균형

지원동기에 계약직 이야기가 서술되고, 학교 팀 프로젝트, CPA를 준비한 이야기가 잘 어우러져 있다. 경험의 균형 역시 적합하다.

③ 총평

전체적으로 전략기획팀에 대해 많이 고민한 흔적이 보이는 자기소개서이다. 특히 재무 기반이라는 표현이나 지원동기, 기타에서의 입사 후 포부까지 다방면의 고민 끝에 나온 글임을 알 수 있다. 서류 단계보다 면접 단계에서 면접관이 아주 좋아할 만한 자기소개서이다.

④ 재무회계

- **회사/직무** : 롯데그룹 '프랜차이즈 회사' 재무(2019년 하반기)
- **스펙** : 여자/27세/지방 국립대학교 경영학과/학점 3.9/토익 840, 토스 6/KICPA 준비 2년 경험/스타트업 계약직 9개월

1. 지원동기 : 지원동기를 구체적으로 기술해 주세요.(500자)

1) **역량&성격** : 해외진출에 따른 재무의 중요성,복종 포트폴리오 소유의 안정성

2) **경험** : 스타트업 근무

3) **글자 수** : 500자/500자

[해외사업과 다양한 고객의 만족]

　9개월간 스타트업 자금업무를 경험하면서 체계적으로 시스템이 갖춰진 기업에 소속되어 잘 배우고 싶은 욕망이 커졌습니다. 그래서 국내 5대 그룹사인 롯데에 지원했습니다. 유수의 기업 중에서도 롯데○○○○을 택한 것에는 두 가지 이유가 있습니다.

　첫 번째는 국내 최고 수준의 외식사업 노하우로 해외 진출에 적극적이기 때문입니다. 현재 베트남 212개 매장 등 총 7개국에 289개 매장을 운영하고 있습니다. 이 중 마스터 프랜차이즈가 아닌 직접 진출국은 베트남과 중국으로 매장 확장에 의한 자금소요가 지속적으로 발생하고 있습니다. 이로 인해 다양한 자금차입과 외환 업무가 중요해질 것으로 예상하였습니다.

　두 번째는 여러 종의 프랜차이즈를 소유하고 있어 안정적이라 판단했기 때문입니다. 패스트푸드, 커피, 도넛 등은 소비층도 조금씩 차이를 보이고 출점 위치도 달리 가져갈 수 있습니다. 다양한 소비자를 만족시키며 삶에 스며드는 회사로 안정성과 성장성이 함께할 것이라 판단하였습니다.

1) **역량&성격** : 커뮤니케이션(집요함)

2) **경험** : ○○○○연구소 아르바이트

3) **글자 수** : 784자/800자

[끈질김으로 이뤄낸 회수율 100%]

○○○○연구소에서 아르바이트 했을 당시, 전년도에 회수율이 높지 않았던 설문조사에서 포기하지 않고 집요하게 소통하여 좋은 성과를 냈던 경험이 있습니다.

학부 시절, ○○○○연구소와 ○○○○재단이 함께 시행한 '중소기업 고용구조개선 사업' 보고서 작성 아르바이트를 하게 되었습니다. 제가 처음 맡았던 업무는 전년도 사업에 대한 설문지를 총 202개의 사업 수혜기업에게 받아내는 것이었습니다. 하지만 대부분의 기업담당자들이 잘 응답해 주지 않았고 전화로 요구하더라도 귀찮은 티를 내거나 짜증을 부렸습니다.

설문지를 받아야 하는 3주 동안 처음에는 전화를 걸기 전부터 거절당할까 두려워 걱정되기도 했습니다. 하지만 전년도 회수율이 64% 수준이었는데, 아무래도 회수율이 낮으면 보고서의 신뢰성이 떨어지기 때문에 회수율을 더 높이고 싶은 마음이 컸습니다.

그래서 주지 않는 회사는 계속 체크하면서 며칠 간격으로 집요하게 전화를 걸어 요청을 드렸습니다. 몇몇 회사는 6~7번도 넘게 걸었던 기억이 있습니다. 그리고 귀찮아하며 나중에 준다 말하시는 분께는 정확하게 언제 주실 수 있는 것인지 물어보며, 정확하게 기일을 받아내었습니다. 그 결과, 폐업한 회사를 제외하고 결국 설문지 회수율 100%를 달성해 낼 수 있었습니다.

재무에서는 대부분의 부서와 협업하며 기한에 맞춰 자료를 받아내는 업무가 많을 것이라 생각합니다. 제가 조금 더 고생하면 그 기한을 다 맞출 수 있다 생각하며, 끈질긴 소통력으로 자료를 빠르게 받아내는 사원이 되겠습니다.

3. 사회활동 : 학업 이외에 관심과 열정을 가지고 했던 다양한 경험 중 가장 기억에 남는 것을 구체적으로 기술해 주세요.(800자)

1) **역량&성격** : 상황대처력
2) **경험** : 공모전 팀원 잠수 후 어그러진 계획을 해결
3) **글자 수** : 784자/800자

[촉박한 상황에서 발휘하는 집중력]

　공모전을 준비하던 중에 팀원이 갑자기 잠수를 타더니 결국 자퇴를 하며 일정에 차질이 생겼으나, 계획성 있게 준비하며 결국은 공모전에 입상한 경험이 있습니다.

　대학 3학년 때, '금융 산업 중심지 홍콩 경제 연구하기'라는 주제로 교내 MVP 챌린지 공모전에 출전했습니다. 한 달여의 준비기간 동안 5명의 팀원 중 리더가 되어 팀원에게 역할을 분배하였습니다. 그런데 일정이 반 정도 진행됐을 무렵, 갑자기 팀원 한 명이 잠수를 타기 시작해서 계획이 틀어졌습니다. 특히 그 팀원이 주도한 '홍콩 현지 대학생들과의 토의'를 위한 현지 대학생 섭외에 큰 지장이 생겼습니다. 처음엔 막막했지만, 진행을 하지 않으면 이제까지 준비했던 것이 물거품이 될 수 있기 때문에 급하게 계획을 다시 세우게 되었습니다.

　가장 먼저 팀원들에 추가 역할을 분배해서 나간 팀원의 업무를 메웠고, 현지 학생 섭외문제를 교수님께 조언을 구하기도 했으며, SNS를 통해서 급히 홍콩 현지 학생들에게 연락을 취했습니다. 대부분의 연락은 무시당했지만, 수없이 많은 연락 시도 끝에 홍콩과학기술대 학생들을 섭외해낼 수 있었습니다. 이런 노력의 결과로 공모전 790팀 중에 3등으로 입상하여 전원 장학금을 받아 홍콩에 방문할 수 있었습니다.

업무를 하다 보면 예기치 못한 상황으로 인해 마감 기한이 촉박해지는 경우가 발생할 수도 있습니다. 이때 담당한 업무를 빠르게 수행하지 못할 경우에 저뿐만 아니라 팀 전체에 피해가 갈 수 있다는 것을 인식하면서, 최적의 방안을 찾아 최선의 효과를 거두도록 노력하는 사원이 되겠습니다.

4. 직무경험 : 희망직무 준비과정과 희망직무에 대한 본인의 강점과 약점을 실패 또는 성공사례 중심으로 기술해 주세요. (800자)

1) 역량&성격 : 끈기

2) 경험 : CPA를 준비하며 습득한 전문지식, 스타트업 계약직 경험

3) 글자 수 : 797자/800자

[좌절은 더 단단할 수 있는 뿌리가 되어]

2년간 공인회계사 준비에 몰두하며 끈기를 배웠습니다. 결국 실패로 끝나긴 했지만, 기업에서의 회계, 재무 직무에 대해 지원을 할 수 있는 기반을 다질 수 있었다고 생각합니다.

대학 1학년 때, 고학년도 많이 수강했던 '중급회계' 수업의 재무제표 분석 PT에서 1등을 했습니다. 이를 계기로 재무에 흥미를 갖게 되었고, 매 학기 장학금을 받을 정도로 열심히 전공 지식을 습득하였습니다. 이 때문에 자연스럽게 공인회계사를 꿈꾸게 되었습니다.

대학교 3학년 때부터 2년 휴학을 하면서 학원과 대학 고시반에서 꾸준히 공부를 했습니다. 매년 개정되는 세법과 IFRS를 공부하다 보니, 재무 직무는 꾸준히 정보를 업데이트 하는 것이 중요하다는 것을 깨달았습니다.

나름 열심히 준비했지만, 두 번의 시험에서 고배를 마신 뒤 결국 수험생활을 청산하였습니다. 도전에는 실패했지만, 이 분야를 포기한다기보다는 습득했던 지식과 역량을 활용하여 취업에 도전하고 싶었습니다.

그래서 스타트업 인턴으로 회계 업무와 부가세 신고 업무를 수행했습니다. 이 경험은 이론으로만 접했던 재무, 회계, 세법을 실무에 직접 적용해 보며 업무를 배울 수 있는 값진 기회였습니다. 실제로 경험해 보니, 계속해서 공부하려 노력하는 끈기가 중요하다는 것이 더욱더 와 닿았습니다.

이렇듯 저는 시험 실패에 좌절하지 않고 재무 직무에 입사하기 위해 노력하며 끈기 있는 성격을 얻을 수 있었습니다. 롯데○○○○ 입사 후에도 관련 지식을 꾸준히 습득하고 공부하여, 어떠한 상황에서도 업무를 능동적으로 대처할 수 있도록 준비된 직원이 되겠습니다.

🖐️ 이 자기소개서에 대한 평가

① 이 자기소개서에 표현된 역량&성격이 적합한가?

이 자기소개서는 재무회계 직무에 필요한 역량을 커뮤니케이션/상황대처력/끈기로 바라본 자소서이다. 그리고 이 책에는 싣지 않았지만, 입사 후 포부에 세법과 법제제도 변화에 빠르게 반응하는 사원이 되겠다고 서술하였다. 이 네 가지 역량 및 성격은 모두 재무회계에 적합하다고 할 수 있으며, 그것이 필요한 이유에 대해서 자기소개서 결론부에 확실히 적어놓음으로써 말하고자 하는 바를 명확히 표현하였다.

② 글의 균형이 적합한가?

1) 역량/성격의 균형

역량으로 볼 수 있는 상황대처력, 그리고 세법과 법제제도 변화에 반응하는 것, 성격으로 볼 수 있는 커뮤니케이션과 끈기 등 2:2 비율로 균형이 맞는다고 볼 수 있다. 첨언하자면 성격으로만 몰린 글은 좋지 않다.

2) 경험의 균형

아르바이트, 공모전, CPA준비 및 스타트업 경험 등 하나도 겹치는 것 없이 풍부하게 자신을 보여 줬다. 경험의 균형 역시 완벽하다.

③ 총평

일단 CPA 공부를 했기 때문에 재무 회계직에 대한 이해가 어느 정도 이미 있었지만, 철저한 직무 공부를 통해서 실무에서 역량과 성격이 왜 필요한지에 대해 고민을 했다는 것이 느껴지는 좋은 글이다. 보다시피 대단한 경험은 없다. 하지만 자신을 표현할 수 있는 경험들이 모여 한 사람의 재무인을 그려낼 수 있었다.

한 가지 우려되는 점이 있다. 앞의 전략기획과 재무직 모두 의도치 않게 CPA 준비생을 예시로 제시해서 혹시 CPA 경험이 있으니 재무와 기획 직무에 합격한 것이 아닌가 오해할 수 있을 것 같다.

삶은 항상 얻는 것이 있다면 잃는 것이 있는 법, 두 친구들은 CPA에 투자한 1~2년간 다른 경험을 할 기회를 잃었고, 그보다 더 중요한 '자존감'을 많이 잃었다. 이 친구들의 성공요인은 직무에 대한 고민과 분석 때문인 것이지, 결코 CPA 준비 경험 때문이 아니다. 이 점은 꼭 알고 가자.

그리고 기억하자. "무엇을 해왔든, 여러분의 지금 모습을 만든 것은 여러분의 과거다."

⑤ 마케팅

- **회사/직무** : 유한킴벌리 마케팅(2019년 하반기)
- **스펙** : 여자/27세/서성한 라인 경영학과/학점 3.89/토익 950 이상/중견기업 인턴 경험 1회

1. 지원동기 및 입사 후 포부

1) **역량&성격:** 기업이해도, 통찰력
2) **경험 :** 특별히 없음
3) **글자 수 :** 2,132byte/2,400byte

[승자의 獨食은 毒食]

　승자의 독식(獨食)은 독이 든 성배, 즉 '독식(毒食)'이 될 수도 있다고 생각합니다. 업계 1위로서 독보적인 시장점유율을 구축하는 것은 모든 기업의 목표이며, 이를 달성한 기업은 그 투지와 노력에 박수 받아 마땅하다고 생각합니다. 그러나 승자로서의 기쁨은 누리되, 현재에 안주하지 않고 경계를 늦추지 않는 것이 중요합니다. 그러한 점에 있어 유한킴벌리는 가장 이상적인 기업이자 앞으로가 더욱 기대되는 기업입니다.

　유한킴벌리는 국내 생활용품 업계 1위로서 유아, 여성, 가정용품 등 다양한 카테고리에서 유명 브랜드들을 바탕으로 많은 사랑을 받고 있습니다. 그러나 이에 그치지 않고 '스피드 경영'의 중요성을 피력하며 고객의 니즈를 빠르게 읽고 제품 혁신을 이끄는 데 집중하고 있습니다. 그 결과, 고객의 탄탄한 신뢰를 바탕으로 진출한 사업 분야마다 모두 압도적 1위를 지속하는 성과를 얻을 수 있었습니다.

특히 제가 지원한 마케팅 직무의 경우, 우리 브랜드와 제품에 대한 확신은 곧 업무를 향한 자부심, 나아가 성과로 이어집니다. 때문에 생활용품 업계에서 유한킴벌리의 선도적인 위치는 제게 업무에 대한 지속적인 동기를 부여합니다. 자신이 담당하는 브랜드와 제품이 더 많은 사랑을 받는 것, 그것만큼 마케터에게 뿌듯한 순간은 없다고 생각합니다. 저는 앞으로 마케터로서 유한킴벌리의 우수한 제품이 더 넓은 무대에서 빛을 볼 수 있도록 일조하며 미래를 향한 발걸음에 동행하고자 합니다.

[시니어 용품 전문 PM으로의 성장]

유한킴벌리의 시니어 용품 전문 마케터로 성장하고 싶습니다. 저출산 고령사회 진입과 함께 생활용품 업계의 판도 역시 크게 바뀔 전망입니다. 최근 유아용품과 생리대 매출은 감소하되, 시니어 용품은 급성장세를 보이고 있습니다. 이에 저는 '시니어'를 공략해 시장 파이를 키우고 안정적인 실적을 끌어내는 전문 PM이 되고자 합니다.

이를 위해 먼저 시니어 소비자의 특성을 잘 이해하고 그들의 인사이트를 찾아내는 데 집중하겠습니다. 20대의 입장에서 시니어의 특성을 잘 이해하기 위해선 '소통'이 무엇보다 중요하다고 생각합니다. 온라인 및 오프라인 시장의 최접점에서 직접 소비자와의 양방향 커뮤니케이션을 진행하고, 여러 유통채널별 정형 및 비정형 데이터를 활용하여 시장을 분석하겠습니다. 그리고 이를 통해 축적된 제품과 시장 및 소비자에 대한 인사이트를 바탕으로, 소비자의 니즈와 트렌드를 제품에 녹여 내겠습니다. 또한 담당 PM으로서 책임감을 가지고 치열하게 고민하며 더 많은 소비자들이 우리 브랜드를 사랑하고 선택할 수 있는 마케팅 전략을 개발하는 데 집중하겠습니다. 생활용품 업계에서 큰손으로 성장할 시니어 소비자의 마음을 사로잡음으로써 시니어 시장에서 유한킴벌리의 전문 PM으로 활약하겠습니다.

2. 자신의 성격, 특기, 개인별 특별한 경험 등 소개

1) **역량&성격**: 시장 및 고객 분석, 열정
2) **경험** : 점포 손익개선
3) **글자 수** : 999byte/1,000byte

[후회 없는 삶]

　저는 한 번뿐인 삶에 후회를 남기고 싶지 않은 마음에 여러 분야에 기꺼이 도전하며 성장해 왔습니다. ○○○ 유통회사에 근무할 당시에도 영업관리자로서 열정을 다하여 매출 증가를 끌어 냈습니다. 무엇보다 가장 열정적이었던 순간은 '어떻게 해야 고객의 마음을 움직일 수 있을까?'를 고민했던 시간이었습니다. 제가 맡은 점포는 모두 인근에 있었지만, 입지와 특성에 따라 다른 점이 많았습니다. 이에 저는 점포별로 각기 다른 전략을 도입했습니다. 대학교 기숙사 입지의 점포에서는 즉석 피자를 도입했고, 외국인의 이용률이 높은 점포에서는 상대국의 문화를 고려한 상품을 도입했습니다. 또한 매출 분석을 통해 잘나가는 상품과 그렇지 못한 상품을 파악해 매장 진열에 반영했고, 같은 가격이라도 좀 더 이익률이 높은 상품을 도입하는 등 점포 손익 개선을 위해 노력했습니다. 실제 책임자의 관점에서 시장을 분석하고 전략에 반영했다는 점은 제게 큰 양분이 되었습니다.

　이처럼 최선을 다한 '오늘'이 쌓여 내일이 되고, 삶을 이루며 성장하고자 합니다. 입사 후에도 현실에 안주하지 않고 변화를 끌어내는 구성원이 되겠습니다.

🖐 이 자기소개서에 대한 평가

① 이 자기소개서에 표현된 역량&성격이 적합한가?

마케팅에 필요한 역량을 잘 작성했다고 볼 수 있다. 영업관리자로서 매출 증가를 위해서 시장 및 고객을 분석한 경험을 구체적으로 기술했다. 특히, 상품을 전략적으로 도입한 부분은 마케팅에 필요한 역량이라고 볼 수 있다.

② 글의 균형이 적합한가?

1) 역량/성격의 균형

문항이 있기 보다는 자유 양식을 요구하는 자기소개서이다. 그러한 점에서 보았을 때 마케팅에 가장 필요한 역량을 선정하여 경험을 기반으로 잘 작성했다고 볼 수 있다.

2) 경험의 균형

한 가지 경험으로 자신이 매출을 높이고자 했던 노력과 행동이 잘 작성되어 있다. 행동 측면이 구체적으로 기술되어 있는 만큼 경험의 균형이 적절하다.

③ 총평

마케팅에 대한 기업분석과 그에 필요한 역량을 잘 선정했다. 특히, 지원동기 및 입사 후 포부에서 그 기업의 상품과 앞으로의 방향성을 잘 선정하였으며, 2번 항목의 직무 역량의 경우 1번 항목에서 언급한 목표와 비교하면 꼭 필요한 역량이라는 점에서 문장 전체의 통일성을 엿볼 수 있다.

⑥ 해외영업

- **회사/직무** : 롯데그룹 '화학회사' 해외영업(2021년 상반기)
- **스펙** : 여자/26세/중경외시 라인 중문학과, 경영학과 복수전공/학점 3.8/OPIc AL, 신HSK 6급/중견기업 인턴 경험 1회

1. 지금의 나를 있게 한 가장 중요한 사건에 대해서 구체적으로 기술해 주세요.(700자)

1) 역량&성격 : 열정, 최선을 다하는 태도, 성실성

2) 경험 : 대학교 2학년 수업과제 발표 후 교수님 피드백 경험

3) 글자 수 : 666자/700자

[최고보다는 최선을 다하라]

　제가 어렸을 적부터 어머니께서 항상 해오셨던 이 말을 머릿속에 담고 살아왔습니다. 어떠한 일에 책임져야 할 때, 시험을 치를 때, 해오던 일이 힘에 부칠 때마다 저를 다잡아준 고마운 말입니다. 덕분에 저는 제가 맡은 일을 완벽하게 소화하고자 하는 태도를 길러올 수 있었습니다.

　한번은 대학 2학년 시절, 수업 과제 발표에서 1등을 하고, A$^+$을 받은 후 교수님을 찾아뵌 적이 있습니다. "96점을 받았는데, 제가 어떤 것을 보충하면 100점을 받을 수 있을지 궁금해서 왔습니다."라고 말씀드리자, 교수님은 너무나도 즐거운 표정으로 제가 발표했던 PPT 슬라이드 한 장 한 장에 대해 피드백을 주셨습니다. 그 결과 저는 제가 미처 생각해 내지 못했던 다른 시각을 발견할 수 있었습니다. 혼자서 고민하며 공부했으면 깨닫지 못했을 값진 경험이었습니다.

다른 사람보다 조금 높은 성적을 받은 것에서 만족했다면 저는 더 이상 성장하지 못했을지도 모릅니다. 최고보다 최선을 다하자는 말은 기준을 제 안에 두고 끊임없이 노력하려는 자세를 보여 주는 말입니다.

이러한 모습을 바탕으로, 저는 '어제보다 발전한 롯데○○○'을 위해 열정을 쏟을 준비가 되어 있습니다. 항상 최선을 다하는 모습을 보여 드리면서 고객에게, 업무 유관자들에게 사랑받는 영업인이 되겠습니다.

* 지원동기 관련 항목 생략

2. 지원하신 직무가 무엇을 하는 일이라고 생각하시는지, 본인의 정의를 기술해 주십시오. 또한 해당 직무에 어떤 역량/지식이 필요하다고 생각하시는지, 이를 갖추기 위해 학업 또는 학업외적으로 어떤 준비를 하셨는지 구체적 사례 중심으로 작성해 주세요. (700자)

1) **역량&성격** : 상황대처력
2) **경험** : 인천공항 세금환급 업무 시 중국인 고객 대응
3) **글자 수** : 697자/700자

[화난 외국인 고객을 응대해낸 알바생]

롯데○○○ 영업 직무는 거래선 관리와 발굴 업무를 하며 공급계약의 과정을 이행해 나가는 일을 합니다. 이러한 업무에서 수급변화, 생산 및 물류 이슈, 고객사 클레임 처리 등 영업환경의 변화가 많기에 이를 정확하게 판단하고 행동하는 상황대처능력이 중요합니다.

저는 4개월간 인천공항 세금환급 업무를 하며, 하루에 100명 이상의 다양한 고객을 응대했습니다. 이때, 크게 화가 난 30대 중국인 고객을 적절히 대응했던 경험이 있습니다. 당시 세금환급이 필요했던 고객은 직원의 잘못된 위치 안내로 여러 번 왔다 갔다 해서 매우 화가 나있었습니다. 게다가 환급액이 100만 원을 초과해서 또다시 세관의 도장이 필요해졌고, 이에 고객이 화를 내며 길길이 날뛰는 난감한 상황이 벌어졌습니다. 제 업무상 고객과 세관까지 동행할 의무는 없었지만 주저없이 고객과 함께 세관으로 갔습니다. 같이 걸어가는 20분 동안 불만을 들어주었고, 입장을 충분히 이해하고자 했습니다. 결국 돌아오는 길에는 사적인 이야기를 나눌 정도로 화가 풀리게 만들 수 있었습니다. 매니저님은 당황하지 않고 적절히 고객을 응대한 것에 대해 칭찬하였고, 저 또한 상황을 잘 종결한 것에 뿌듯함을 느꼈습니다.

영업 업무에서 예상치 못한 어려움을 맞이할 수 있을 것입니다. 그때마다 빠르게 판단하고 대처하여, 고객과 신뢰 관계를 굳건히 만드는 담당자가 되겠습니다.

3. 달성하기 어려운 도전적인 목표를 자율적으로 설정해서 달성해본 경험을 기술해 주세요. 목표 수립과정과 계기, 수행과정에서 겪었던 어려움과 극복을 위해 기울인 노력 등을 구체적으로 작성해 주시기 바랍니다.(800자)

1) **역량&성격 : 끈기**
2) **경험 : 해외영업 인턴 경험 중 몽골바이어 리스트업 및 미팅 추진 경험**
3) **글자 수 : 689자/700자**

[몽골바이어와의 미팅을 추진해내다]
끈기 있는 성격을 바탕으로 4개월간 해외영업 인턴 근무 중, 몽골 신규 바이어 리스트업 업무를 업체와의 미팅으로 발전시킨 경험이 있습니다.

회사에서는 몽골을 신시장 개척을 위한 전략시장으로 삼고 있었고, 저는 몽골 바이어 물색업무를 맡았습니다. 하지만 몽골에 대한 기존 영업 자료가 전무했으며, 몽골 바이어에 대한 인터넷 자료 역시 찾을 수 없어 물색이 쉽지 않았습니다. 막막한 상황에서 KOTRA 자료, 몽골 기업정보사이트, 몽골 포털사이트 검색, 무역관과 대사관에 문의 등 다양한 방법을 시도하며 바이어 리스트업을 늘리기 위해 노력했습니다. 2주간의 노력 끝에 자사 브랜드에 관심을 가질만한 몽골의 유통업체 7곳을 알아낼 수 있었습니다. 그리고 각 업체에 적극적으로 메일과 전화 연락을 한 끝에 2개 업체에서 긍정적인 회신을 받았습니다. 또한 그 중 한 업체 대표가 한국 방문 예정임을 알게 되어, 담당자와 미팅일정을 주선하였고, 미팅 역시 한국에서의 성공적으로 진행할 수 있었습니다.

　저는 이 경험을 통해 제약이 있는 상황에서도 끊임없이 고민하고 시도하면 결국 길이 열리게 된다는 것을 깨닫게 되었습니다. 롯데○○○ 영업사원으로 주어진 목표를 달성하기 위해서는 이러한 끈기가 필요하다고 생각합니다. 지속적인 개선과 새로운 영업기회 창출을 위해 묵묵히 전진하는 영업사원이 되겠습니다.

4. 본인이 참여한 팀 활동 중 가장 기억에 남는 사례를 기술해 주세요. 각 팀원들의 역할, 과정에서 의견 조율 등 어려웠던 점과 그를 극복하기 위해 어떤 노력을 기울였는지 등을 포함해 구체적으로 작성하여 주시기 바랍니다.

1) **역량&성격** : 시장분석력
2) **경험** : 팀 프로젝트에서 반대 의견을 가진 팀원 설득하기
3) **글자 수** : 700자/700자

[설득을 위해 갖추어야 하는 시장을 분석하는 눈]

아시아경제가 운영한 420시간의 영업마케팅 양성과정 중, 영업 시뮬레이션 과제에서 시장 분석력을 발휘해 팀원을 설득한 경험이 있습니다.

당시 6명의 팀원과 수행했던 과제의 주제는 '간장소스 인도네시아 수출전략'이었습니다. 과제 수행을 위해 인도네시아의 인구통계학, 사회, 경제, 소비문화, 식습관 등 시장자료 분석과 SWOT, STP전략, 원가 계산, 사업성과 계산 등을 포함한 사업보고서를 작성해야 했습니다.

사업타당성 검토 과정 중, 한 팀원이 분석내용이 설득력을 갖지 못한다는 의견을 제시했습니다. 이 때 저는 조사 자료를 다시 살펴보고, 인도네시아 식습관에 대한 조사가 더 필요하다고 판단하였습니다. 추가로 조사하여 인도네시아 사람들이 즐겨먹는 소스가 걸쭉한 제형인 점과, 공급에 비해 약 2.5배 많은 마늘에 대한 수요를 바탕으로 마늘을 사용한 상품에 기회가 있음을 파악할 수 있었습니다.

이러한 근거자료를 바탕으로 해당 아이템의 사업성에 의구심을 갖던 팀원을 설득하였고, 이후 팀원들은 모두 자신감있게 각 업무를 수행해 낼 수 있었습니다.

이 경험을 통해 누군가를 설득하기 위해서는 정확한 근거를 바탕으로 한 분석이 효과적임을 깨달을 수 있었습니다. B2B영업 상황에서도 철저한 분석력은 필수라고 생각합니다. 시장분석력을 바탕으로 고객과 업무 유관자를 설득할 수 있는 영업인이 되겠습니다.

🖐️ 이 자기소개서에 대한 평가

① 이 자기소개서에 표현된 역량&성격이 적합한가?

열정(성실성), 상황대처력, 끈기, 시장분석력 모두 (해외)영업에서는 필요한 역량이 맞다. 특히 대부분이 1 Tier로 느껴질 만큼 중요한 역량들이다. 아주 적합하다.

② 글의 균형이 적합한가?

1) 역량/성격의 균형

역량으로 볼 수 있는 상황대처력, 시장분석력, 그리고 성격으로 분류할 수 있는 것이 열정(성실성)과 끈기이다. 2:2는 너무 매력적인 조합이라고 보인다. 균형이 적합하다.

2) 경험의 균형

수업 후 피드백 받은 이야기, 아르바이트, 인턴, 교육 과정 등 경험이 균형있게 잘 퍼져 있다. 엄청나게 특출난 경험은 없다. 그럼에도 불구하고 좋은 영업인이라고 느껴지지 않는가? 그것이 바로 경험을 균형있게 잘 배분했기 때문이다.

③ 총평

역시나 영업에 대한 직무 공부를 충분히 한 후에 만들어진 글로 판단된다. 특히 해외영업에서는 '해외'에 집중하기보다는 '영업'에 집중해야 한다. 어학이나 스펙 등은 어차피 이력서에서 증명이 되기 때문에 자소서에는 더 서술하지 않아도 된다. 철저하게 어떤 영업을 펼치겠다는 이야기를 써 보자. 이 글은 그 부분이 아주 잘 작성되어 있다.

머천다이저(MD)

- **회사/직무** : 티몬 온라인 MD(2020년 상반기)
- **스펙** : 여자/26세/건동홍세 라인 생명공학과(주) · 중문어과(복수)/학점 3.45/토익 950 이상/경력 無

1. 티몬MD신입공채에 지원한 동기와 입사 후 계획을 기술하세요.

1) **역량&성격:** 고객 가치 실현, 커뮤니케이션
2) **경험 :** 대학교 유학생 관리
3) **글자 수 :** 1,200자/1,400자

[타임커머스, 복합프로모션 그리고 그다음을 위하여]

국내 유일의 타임 커머스인 티몬은 남다른 변화로 사업을 선도하며, 2020년 3월에 최초로 흑자 전환에 성공하였습니다. 이러한 행보는 창립 10년 만에 업계 최초로서, 연간 흑자도 가능하리라 보고 내년 상장을 목표로 IPO준비를 시작하는 계기가 되었습니다. 이를 위해서는 고객의 요구를 더욱 고려하여 최우선 가치 실현을 이뤄 내야 합니다.

고객 최우선의 가치 실현을 위해 노력하는 티몬에서 저의 커뮤니케이션 능력을 바탕으로 역량을 펼치고 싶습니다. 저는 지난 2년간 건국대학교 유학생 관리 팀장으로 근무하며 적극적으로 유학생의 소리에 귀 기울였고 그들을 위하여 한국어 도우미 프로그램을 운영한 경험이 있습니다. 그들은 현지 친구 사귀기, 어학 실력 향상 등 다양한 고충을 제게 이야기하였습니다. 저 또한 중국, 베트남으로 교환 학생을 다녀왔기 때문에 타지생활의 어려움에 공감하였고, 따라서 이를 개선할 방법에 대해 깊게 고민해 보았습니다. 저는 교내에 있는 국제협력처에 지원을 받으면 '한국어 도우미 프로그램'을 운영하여 외국인들을 도울 수 있다는 판단으로, 주요 목적, 월별계획, 운영 및 홍보방안, 예산사용계획 등을 포함한

사업제안서를 제출하여 필요한 비용과 장소를 확보하였고, 이를 2학년 2학기에 첫 시범을 선보였습니다. 또한, 활동이 끝나고, 설문조사를 진행하여 피드백을 받았고, 초기에 목적이었던 유학생들의 언어 능력이 향상되었다는 평가를 받으며 프로그램을 성공적으로 끝마칠 수 있었습니다. 다소 낯설고 어려운 시도였지만 결국 이를 실현하며 저의 도전은 차후 누구와 만나더라도 그들의 마음을 파악하고 이를 충족시키는 커뮤니케이션 능력의 발전으로 이어졌습니다.

앞으로 티몬은 꾸준한 흑자추구를 위해 고객에게 더 나은 서비스를 제공하면서, 그들 모두를 충성고객으로 잡아야 할 것입니다. 기존의 타임커머스, 복합할인 정책에서 벗어나 고객의 편의를 고려하여 커뮤니케이션을 해야 한다고 생각합니다. 한 예로 기존의 라이브 방송뿐만이 아니라, 제가 주력하여 판매할 주 제품군들 모두 첫 화면에 노출 시, 즉시 광고방송이 나갈 수 있게끔 재조정을 함으로써 고객들이 즐거운 쇼핑 시간을 가질 수 있도록 돕겠습니다. 이처럼 고객의 새로운 요구를 알아채고 이를 바로 반영한다면 이번 흑자전환이 일회성에서 끝나지 않고, 분기 또는 연간으로 확대될 수 있는 구조를 마련할 수 있을 것입니다.

2. MD로서 갖춰야 할 중요한 역량과 본인의 적합성을 기술하세요.

1) **역량&성격:** 고객이해능력/분석력 및 통찰력
2) **경험 :** 과외 수업 및 매장 근무
3) **글자 수 :** 1,369자/1,400자

[과외 앱 내 튜터 1위 달성, 단점을 강점으로]

2019년 한 과외 애플리케이션에서 중국어 튜터 1등을 기록하였습니다. 페이스북과 인스타 등 다양한 SNS에서 수업이 알려진 이유는, 제 수업의 강점을 분석하여 마케팅을 했기에 가능한 결과였습니다.

이과생으로 중국어 학습 기간이 2년 미만이었던 제가 과외 시장에 무작정 뛰어든다면 불리할 것이 분명했습니다. 따라서 저는 튜터가 교육을 받고 싶은 사람은 어떤 사람인지, 내가 가진 강점 중 어떤 것을 부각하면 좋을지를 고민하면서 매력적으로 호감을 살 수 있는 부분을 고민하였습니다. 이때, 오히려 약점으로 느껴졌던 이과생 출신, 성인이 되고 시작한 중국어 공부, 단기간 만에 목표 급수 획득 등의 키워드를 역이용하여 마케팅에 활용하기로 마음먹었습니다. 그리고 약점을 오히려 강조하여 '누구든 할 수 있다, 믿고 따라오세요.'라는 이미지를 형성하고자 카피파이팅을 만들기 시작해, '처음 공부했음에도 불구하고 단기간에 최고 급수까지 딴 비결을 담아 수업을 하겠다.'라는 비전을 제시했습니다.

개인 맞춤형 차별화된 전략을 제시하며 연락을 이어간 결과 앱 가입 후 한 달만에 인기 튜터로 거듭날 수 있었습니다. 티몬에 입사 후에도 약점을 고민하고 포기하지 않고, 오히려 할 방법을 찾아내는 분석력과 통찰력으로 효과적인 마케팅을 이뤄내겠습니다.

[효과적 상권 분석, 매출 30% 이상 증진]

과거 명동에서 6개월 동안 매장에서 근무하며 주 손님층을 분석하여 베트남 여행객의 구매율을 30% 이상 높인 경험이 있습니다. 상권 특성상 많은 중국인 고객들이 방문하고 있지만 나날이 베트남 여행객의 방문과 구매액이 증가하고 있다고 점에 주목하였고, 앞으로 위해선 베트남 고객들의 마음을 사로잡아야 한다고 생각했습니다. 특히, 베트남 사람들의 회당 구매가격이 다른 국가보다 훨씬 높다는 점을 따져 마침내 매니저의 허락을 받을 수 있었습니다.

아르바이트가 끝나면 베트남어 회화 공부를 하면서 고객들의 편한 응대를 위해서 문화를 공부하였습니다. 이후, 베트남 사람들의 선호 색상과 숫자는 빨간색과 8이라는 점과 한국의 의약품들을 뛰어나게 생각한다는 것에 주목하여 매장 내 빨간색 의학 제품 라인을 입구 쪽에 배치하였습니다. 마지막으로 대다수 여행객이 주변인들에게 선물용으로 화장품을 산다는 점에서 8개의 구매 단위마다 특별한 샘플이나 이벤트를 개최함으로써 판매를 높이기 위해 노력하였습니다.

실제로 한 달이 지나자, 목표였던 매출 30% 이상을 신장하며 정확한 목표 설정의 중요성을 깨달을 수 있었습니다. MD로서 정확한 수치로 목표를 세우고 이를 달성하기 위해 다양한 수단을 취하는 것은 필수적인 역량이라고 생각합니다. 제가 명동에서 일하며 직접 경험한 것을 바탕으로 또 한 번의 목표 도달을 위해 노력하겠습니다.

이 자기소개서에 대한 평가

① 이 자기소개서에 표현된 역량&성격이 적합한가?

온라인 MD에 필요한 역량을 잘 구성했다. 온라인 MD의 경우 상품 분석, 거래처 관리, 매출 관리 등 기획부터 판매까지 모든 과정을 담당한다. 그러한 점에서 적절한 역량/성격을 기술했다고 볼 수 있다.

② 글의 균형이 적합한가?

1) 역량/성격의 균형

현재 커뮤니케이션, 분석력 및 통찰력을 경험을 기반으로 잘 설명하였다. 특히, 온라인 MD로서 직무 수행할 때 가장 기본이 되는 역량을 선정했다는 점에서 구직자의 역량/성격의 균형이 잘 이뤄졌다.

2) 경험의 균형

2번 항목에서 한 가지 경험으로 구직자의 역량을 기술했다면 가독성이 떨어졌을 것이다. 하지만, 두 가지 경험으로 나눠서 기술함으로써 오히려 구직자가 분석력과 통찰력을 가지고 있음을 잘 드러냈다고 볼 수 있다.

③ 총평

온라인 MD의 경우 잘 팔릴 수 있는 상품을 찾아내고, 몰에 입점한 고객들과의 의사소통이 중요하다. 그러한 점에서 적절한 커뮤니케이션, 분석력 및 통찰력을 선택했다고 볼 수 있다. 특히, 지원자는 주 전공은 생명공학, 복수전공으로 중국어를 선택했다. 그래서 남들보다 관련 경력이 부족하지만 대학 생활, 아르바이트, 대외활동 등 경험을 잘 활용하여 구직자의 역량을 최대한 끌어냈다고 볼 수 있다.

⑧ 총무

- **회사/직무** : 네이버 계열사 총무(2020년 하반기)
- **스펙** : 남자/27세/국숭세단 라인 경영학과/학점 3.5/OPIc IH 토익 900/중견기업 인턴 경험 1회

1. 자신에 대해 자유롭게 표현해 주세요.(글자제한 없음)

1) **역량/성격** : 내부고객에게 친절함, 강한 정신력과 체력, 따뜻함
2) **경험** : 중고등학교 시절 아르바이트, 헬스, 대학 생활 멘토링 활동
3) **글자 수** : 822자/글자 수 제한 없음

[이름값 하는 강한 남자]

　○○라는 강한 이름이 어렸을 때는 촌스럽다고 생각했었습니다. 하지만 투박한 이름 때문인지, 이름값을 하며 강한 남자로 성장해올 수 있었습니다.

　저는 첫째로 멘탈이 강합니다. 중학교 시절부터 아르바이트 전선에 뛰어들었습니다. 낮에는 감자튀김을 튀기고 밤에는 공부하는 주'감'야독의 삶을 유지하며 수능 공부를 했습니다. 대학 시절도 학업과 근로, 주말아르바이트를 병행하며 보냈습니다. 온실 속 화초와는 반대되는 길가의 잡초와 같은 치열한 삶을 살았습니다. 그리고 많은 설움을 참고 인내하며 내부고객을 대하는 '을'의 마인드를 장착할 수 있었습니다.

　둘째로 건강합니다. 팔굽혀펴기 1분 70개, 서울-춘천 자전거로 6시간. 이처럼 강한 체력을 가지고 있습니다. 스트레스를 받으면 헬스장으로 갑니다. 저를 압박하고, 짓누르면 저는 더 건강해져서 돌아옵니다. 건강한 신체에 맑은 정신이 깃든다는 말처럼, 더욱 맑아진 정신으로 무장하여 업무에 임합니다.

셋째로 사상이 건강합니다. 고생하면서 성장한 만큼, 저와 같은 친구가 많지 않았으면 좋겠다고 생각했습니다. 대학생활 중 가장 몰입했던 활동은 멘토링 활동입니다. 깊은 고민을 나누는 친구가, 추억을 공유하는 형, 오빠가 됐습니다. 경제적 어려움으로 강해져야 하지만, 마음만은 부드러운 친구들이 되길 바랐습니다.

이름만큼 강한 사람입니다. 이러한 정신력과 체력을 무기로 삼겠습니다. 총무에서의 다양한 역할에 충실하고, 급할 때는 무거운 물건도 번쩍 들어 옮기는 모습을 보여드리겠습니다. 어떠한 상황을 마주해도 더 힘들었던 경험을 떠올리며 긍정적인 미소를 항상 보여주는 사원이 되겠습니다.

2. 지원동기와 입사 후 네이버 ○○○에서 자신의 미래모습을 기술하시오.(글자 수 제한 없음)

1) 역량&성격: 주인의식, 적극성, 부동산 지식 함양을 위한 열정
2) 경험 : 특별히 없음
3) 글자 수 : 1,465자/글자 수 제한 없음

- 지원동기
[네이버 ○○○에 인생의 30년을 투자합니다]
　주식시장에서 가치투자를 한다는 것은 해당 기업의 미래에 대한 굳은 확신이 있어야 가능한 것이라 생각합니다. 저는 그러한 주식에서의 가치투자와 같이 향후 30년을 바라보는 관점에서 네이버 ○○○에 스스로를 투자하고 싶습니다. 제가 바라보는 두 가지 관점에서 회사의 미래가 밝다고 굳게 확신하게 때문입니다.

네이버 ○○○는 네이버 그룹의 인사, 재무, 총무업무를 아웃소싱하는 자회사이기에 그룹과 성장과 함께하며 해당 직무에 대한 전문성을 키울 수 있는 회사라고 생각했습니다. 그중에서도 부동산관리의 전문성을 키워갈 수 있는 총무 업무에 깊은 관심을 느껴 지원하게 되었습니다. 제가 원하는 총무 업무의 경우, 네이버 그린팩토리와 앞으로 지어질 제2사옥, 그리고 춘천 데이터센터까지 총괄하고 있을 것이라 예상합니다. 현재 건물들 이외에도, 그룹 성장성이 담보되면서 다른 건물들 역시 향후 늘어나게 될 것이고, 이 가운데 건물 관리, 매입, 매각, 임대차 등 여러 업무를 배워 나가는 데 더없이 좋은 여건이라 생각합니다. 또한, 이렇게 그룹 내부거래를 통해 안정적으로 성장해 나갈 네이버 ○○○의 미래도 밝을 것이라 판단하였습니다. 이렇듯 단단한 기업에서 차근히 배워 나가며 기초가 탄탄한 총무가 되고 싶기에 지원하였습니다.

– 네이버 ○○○에서 나의 미래 모습

[공간의 가치를 아는 총무지원자]

저는 건물관리는 단순히 임직원에게 업무공간을 제공한다는 수준을 넘어서서, 직원 만족도와 업무 효율 향상에 크게 기여한다고 생각하고 있습니다. 그리고 크게는 임직원의 이직률까지 연관을 미칠 것이라 생각합니다. 이렇게 건물관리가 중요해짐에 따라 저 역시 이 분야의 전문가로 성장하며 그룹 내 임직원들에게 최고의 효율성을 선사하는 회사공간을 만들어 내고 싶습니다.

이러한 제 미래 방향을 위해 두 가지를 약속드리고 싶습니다.

첫 번째, 누구보다 현장을 중요시하는 발로 뛰는 총무가 되겠습니다. 업무 중 시간이 남을 때면 저는 제가 관리하는 건물, 제가 관리하는 복지를 직접 가서 확인하겠습니다. 그리고 불편함이 무엇인지, 더 개선할 방법이 없는지, 비용을 절감하면서 효율성을 가져갈 수 있는 방안이 없는지 계속 고민하고 생각하겠습니다. 선배들보다 모자란 신입사원의 역량을 적극성과 성실성으로 극복해 내어 한 사람의 몫을 빠르게 해내겠습니다.

두 번째, 부동산과 건물 관리에 관해서 공부하겠습니다.

저는 경영학과로 부동산과 건물 관리에 대해서는 아직은 잘 알지 못합니다. 하지만 업무에서의 '공간'의 중요성을 느끼고 있으며, 이를 극대화하기 위해서 총무로 일하게 되면 부동산 분야에 공부가 필요하다고 생각하고 있습니다. 3년 안에 공인중개사 자격증을 취득하여, 선배들의 건물관리, 복지 업무의 노하우를 빠르게 정리, 습득하고 싶습니다. 저는 대학 입학 이래로 단 한 번도 쉬지 않고 아르바이트와 대외활동을 진행하였습니다. 이 열정을 그대로 회사와 제 미래를 위해 쏟겠습니다.

🖐 이 자기소개서에 대한 평가

① 이 자기소개서에 표현된 역량&성격이 적합한가?

체력, 정신력, 주인의식, 부동산지식 등을 공부하고자 하는 열의 모두 총무라는 직무와 완벽히 맞지는 않지만, 전부 필요한 역량인 것 또한 맞다. 게다가 직무를 떠나서 기본적인 태도가 회사원으로써 아주 알맞고, 글도 썩 재밌어서 매력적이기까지 하다.

② 글의 균형이 적합한가?

1) 역량/성격의 균형

역량보다는 성격에 치우친 글로 보인다. 하지만 2번 항목에서 총무에 대한 자신의 생각을 충분히 잘 풀어놨고 특히, 회사에서 총무가 하는 역할을 완벽하게 작성했기 때문에 역량이 없어 보이는 점을 해소했다. 철저히 직무에 대한 공부가 뒷받침 되었기에 가능했던 일이다.

2) 경험의 균형

경험 자체가 주도적으로 나온 글은 없지만, 나열식으로 다양한 경험이 소개되어 충분히 흥미를 갖게 한다. 특히 아르바이트를 많이 했다는 언급이나 헬스장 언급 등을 통해서 사람이 단단해 보이고 힘든 상황에서도 잘 버틸 것 같은 인상을 확실히 심어줬다.

③ 총평

정말 총무에 잘 맞는 느낌을 주는 글이다. 그리고 가장 중요한 것은, 경험을 제대로 서술하지 않았음에도 불구하고 충분히 좋은 글로 느껴진다는 점이다. 여러분도 경험에만 치우칠 것이 아니라 본인의 이야기를 편하게 풀어 놓을 여러 방법을 찾았으면 한다.

좋은 책을 만드는 길
독자님과 함께하겠습니다.

도서나 동영상에 궁금한 점, 아쉬운 점, 만족스러운 점이
있으시다면 어떤 의견이라도 말씀해 주세요.
시대고시기획은 독자님의 의견을 모아 더 좋은 책으로 보답하겠습니다.

www.sidaegosi.com

누가 봐도 뽑고 싶은 인문계 자소서

초 판 발 행	2021년 09월 01일(인쇄 2021년 07월 23일)
발 행 인	박영일
책 임 편 집	이해욱
저 자	강선구 · 조현빈
편 집 진 행	여연주
표지디자인	이미애
편집디자인	양혜련 · 곽은슬
발 행 처	(주)시대고시기획
출 판 등 록	제 10-1521호
주 소	서울시 마포구 큰우물로 75 [도화동 538 성지 B/D] 9F
전 화	1600-3600
팩 스	02-701-8823
홈 페 이 지	www.sidaegosi.com
I S B N	979-11-383-0166-4 (13320)
정 가	16,000원

※ 이 책은 저작권법의 보호를 받는 저작물이므로 동영상 제작 및 무단전재와 배포를 금합니다.
※ 잘못된 책은 구입하신 서점에서 바꾸어 드립니다.

'공기업/대기업, 부사관/ROTC/사관학교'

이제 AI가 사람을 ~~채용~~ 하는 시대

WIN시대로

모바일 AI면접
캠이 없어도 OK

준비하고 연습해서
실제 면접처럼

다양한 게임으로
실전 완벽 대비

AI가 분석하는
면접 평가서

※ 윈시대로는 PC/모바일웹에서 가능합니다.

실제 'AI면접'에
가장 가까운 체험

동영상으로 보는
셀프 모니터링

단계별 질문 및
AI 게임 트레이닝

면접별 분석 및
피드백 제공

AI면접 쿠폰 사용 안내

1회 사용 무료쿠폰

OPE3 - 00000 - D091D

(기간 : ~2022년 12월 31일)

1. 윈시대로(www.winsidaero.com) 접속
2. 로그인 또는 회원가입 후 이벤트 페이지 이동
3. 쿠폰번호 확인 후 입력
4. [마이페이지]에서 AI면접 실시

※ 무료 쿠폰으로 응시한 면접은 일부 제한된 리포트를 제공합니다.
※ 쿠폰은 등록 후 7일간 이용 가능합니다.

WIN시대로 @ www.winsidaero.com 📞 1600-3600 평일 9~18시 (토·공휴일 휴무)

언택트 시대의 새로운 합격전략!

대기업 · 공기업 · 금융권

빅데이터 기반 온라인 모의고사

맞춤형 + 실전형 + 약점분석

온라인 모의고사 무료 쿠폰

합격시대

인적성검사 핏 모의고사(50문항)	NCS 통합 모의고사
MKS - 00000 - 1A01A	PCI - 00000 - A21A0

(기간 : ~2022년 12월 31일)

 시대교육 WWW 온라인 모의고사(합격시대) (www.sdedu.co.kr/pass_sidae_new) 홈페이지 접속 → 1회무료 쿠폰 홈페이지 우측 상단 '쿠폰 입력하고 모의고사 받자' 클릭 → 쿠폰번호 등록 → 내강의실 → 모의고사 → 합격시대 모의고사 클릭 후 응시하기

※ 본 쿠폰은 등록 후 30일간 이용 가능합니다.

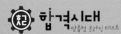 합격시대 맞춤형 온라인 테스트   www.sdedu.co.kr/pass_sidae_new 📞 1600-3600 평일 9~18시 (토 · 공휴일 휴무)